Graded examples in mathematics

Geometry and Trigonometry Answers

M. R. Heylings M.A., M.Sc.

Schofield & Sims Limited   Huddersfield

© 1984 Schofield & Sims Ltd.

All rights reserved.
No part of this publication may be reproduced,
stored in a retrieval system, or transmitted
in any form, or by any means, electronic,
mechanical, photocopying, recording or otherwise,
without the prior permission of Schofield & Sims Ltd.

0 7217 2332 2

First printed 1984
Reprinted 1987, 1989

The series **Graded examples in mathematics**
comprises:

Fractions and Decimals	0 7217 2323 3
Answer Book	0 7217 2324 1
Algebra	0 7217 2325 x
Answer Book	0 7217 2326 8
Area and Volume	0 7217 2327 6
Answer Book	0 7217 2328 4
General Arithmetic	0 7217 2329 2
Answer Book	0 7217 2330 6
Geometry and Trigonometry	0 7217 2331 4
Answer Book	0 7217 2332 2
Negative Numbers and Graphs	0 7217 2333 0
Answer Book	0 7217 2334 9
Matrices and Transformations	0 7217 2335 7
Answer Book	0 7217 2336 5
Sets, Probability and Statistics	0 7217 2337 3
Answer Book	0 7217 2338 1
Revision of Topics	0 7217 2339 x
Answer Book	0 7217 2340 3

Designed by Graphic Art Concepts, Leeds
Printed in England by Pindar Print Limited, Scarborough, North Yorkshire

Contents

Geometry

Turns and degrees	5
Measuring angles	6
Bearings	9
Polar co-ordinates	14
Points and lines	20
Triangles	22
Polygons	24
Revision problems	31
Constructions	33
Angles in circles	35

Trigonometry

Tangents	39
Cosines	41
Sines	42
Sines, cosines and tangents	44
Pythagoras' theorem	45
The right-angled triangle	49

Further topics

Bearings	52
Latitude and longitude	53
Introducing three dimensions	57
Cuboids, wedges and pyramids	60
Surveying	61

Geometry

Turns and degrees
Measuring angles
Bearings
Polar co-ordinates
Points and lines
Triangles
Polygons
Revision problems
Constructions
Angles in circles

GEOMETRY – Answers

Turns and degrees

1 a 1 b 2 c 4
   d 6 e 12 f $\frac{1}{2}$
   g $\frac{1}{2}$ h $\frac{1}{4}$ i 24

2 a S f N **3** A 2 F 5
   b E g N   B 3 G 6
   c W h W   C 1 H 10
   d W i E   D 4 I 8
   e S j S   E 9 J 7

4 a, c, e

5 a $\frac{1}{4}$ b $\frac{1}{2}$ c $\frac{3}{4}$ d $\frac{1}{8}$ e $\frac{3}{8}$

6 c b a d e g f

7 a once d $\frac{1}{365}$ **8** a 360° b 180°
   b $\frac{1}{2}$ e 360   c 90° d 270°
   c $\frac{1}{4}$ f a degree   e 720° f 540°
         g 1°

9 a 180° b 90° c 45° d 36°
   e 60° f 30° g 120° h 72°
   i 40° j 18° k 24° l 9°
   m 270° n 135° o 252° p 300°
   q 150° r 240° s 144° t 160°
   u 330° v 312° w 306°

10 a $\frac{5}{18}$ b $\frac{7}{12}$ c $\frac{5}{9}$ d $\frac{8}{9}$ e $\frac{2}{9}$ f $\frac{5}{8}$
   g $\frac{7}{8}$ h $\frac{3}{20}$ i $\frac{3}{10}$ j $\frac{3}{5}$ k $\frac{7}{15}$ l $\frac{4}{5}$

11 a $\frac{1}{4}$, 90° e $\frac{3}{4}$, 270° i $\frac{1}{8}$, 45° m $\frac{3}{8}$, 135°
   b $\frac{1}{4}$, 90° f $\frac{3}{4}$, 270° j $\frac{3}{8}$, 135° n $\frac{3}{4}$, 270°
   c $\frac{1}{2}$, 180° g $\frac{1}{4}$, 90° k $\frac{5}{8}$, 225°
   d $\frac{1}{4}$, 90° h $\frac{1}{2}$, 180° l $\frac{7}{8}$, 315°

12 a acute b right c acute d straight
   e obtuse f acute g right h obtuse
   i straight j reflex k reflex l acute
   m right n obtuse o straight p reflex
   q reflex r acute s reflex t obtuse
   u reflex v right w reflex

13 complementary a d e i
   supplementary b f j l
   neither c g h k

14 a 2 b 3 c $\frac{1}{2}$ d $1\frac{1}{2}$ e $2\frac{1}{2}$
   f 1 g 2 h 3 i $\frac{1}{2}$
   j $1\frac{1}{2}$ k $2\frac{1}{2}$ l $3\frac{1}{2}$

GEOMETRY – Answers

Measuring angles

The diagrams in parts **1** to **3** are designed for use with a protractor of radius 5 cm.

Part 1   Angles less than 180°

a	50°	b	30°	c	60°	d	90°	e	80°
f	150°	g	110°	h	85°	i	75°	j	95°
k	26°	l	108°	m	123°	n	118°	o	127°
p	72°	q	146°	r	15°				

Part 2   Angles greater than 180°

a	170°	b	180°	c	190°	d	200°	e	210°
f	230°	g	250°	h	270°	i	305°	j	315°
k	340°	l	350°	m	185°	n	205°	o	226°
p	264°	q	213°	r	193°	s	315°		

Part 3   A mixture of angles between 0° and 360°

a	35°	b	145°	c	70°	d	110°	e	120°
f	240°	g	90°	h	270°	i	65°	j	295°
k	155°	l	205°	m	114°	n	66°		
o	45°	p	315°						

Part 4   Using axes   Answers to nearest degree.

These problems are designed for use on a centimetre grid, where lines will be long enough for convenient use of a protractor of radius 5 cm.

1

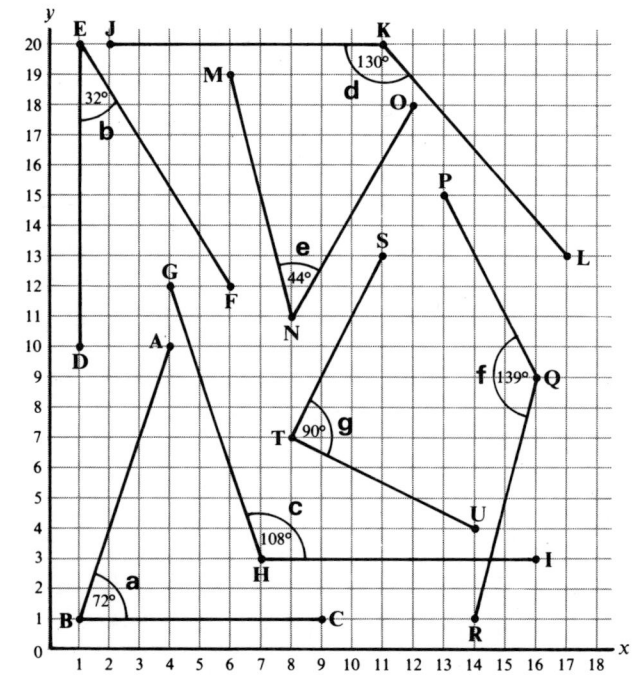

a	72°
b	32°
c	108°
d	130°
e	44°
f	139°
g	90°

6

GEOMETRY – Answers

Measuring angles

2

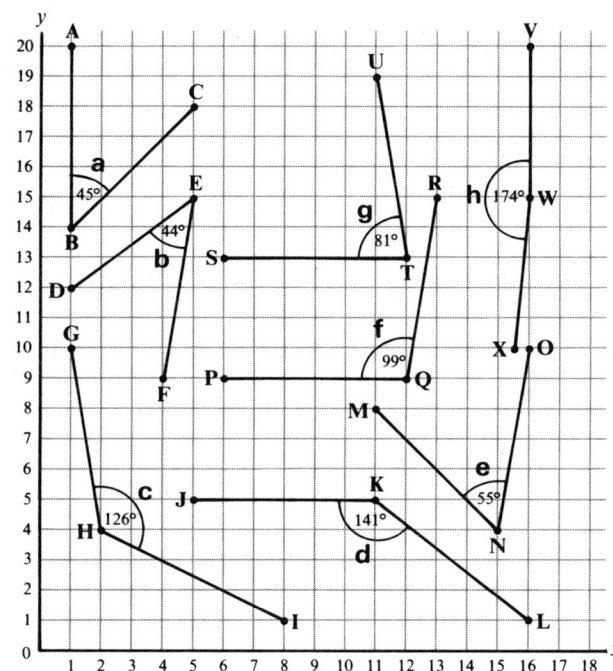

a   45°
b   44°
c   126°
d   141°
e   55°
f   99°
g   81°
h   174°

3

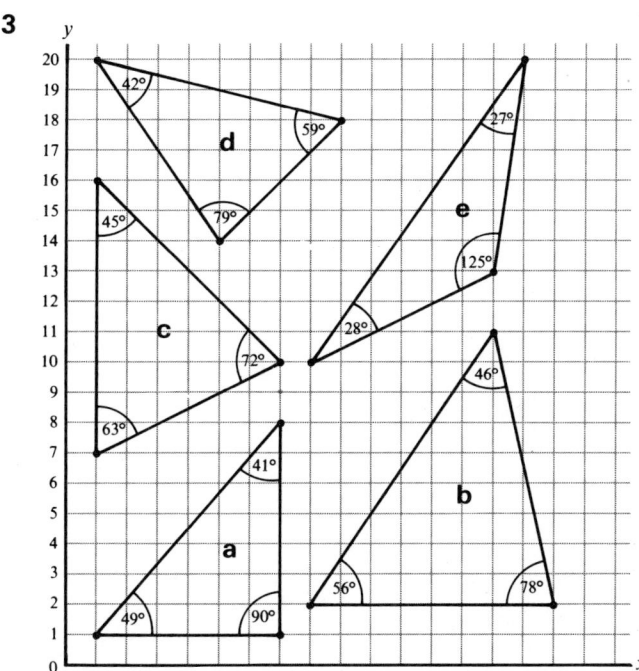

a   49° + 41° + 90° = 180°
b   56° + 46° + 78° = 180°
c   45° + 63° + 72° = 180°
d   42° + 59° + 79° = 180°
e   28° + 27° + 125° = 180°

GEOMETRY – Answers

Measuring angles

4

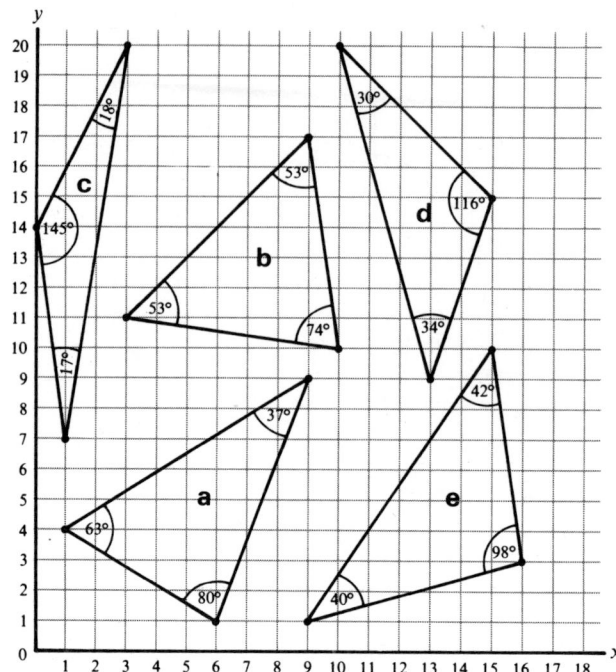

a 37° + 63° + 80° = 180°
b 53° + 53° + 74° = 180°
c 17° + 18° + 145° = 180°
d 34° + 30° + 116° = 180°
e 40° + 42° + 98° = 180°

5

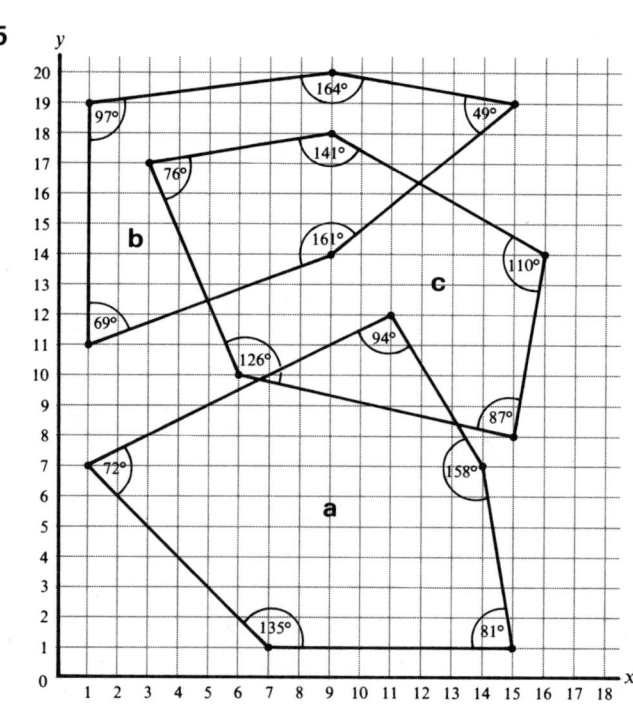

a 135° + 81° + 158° + 94° + 72° = 540°
b 69° + 161° + 49° + 164° + 97° = 540°
c 76° + 126° + 87° + 110° + 141° = 540°

GEOMETRY – Answers

Measuring angles

6

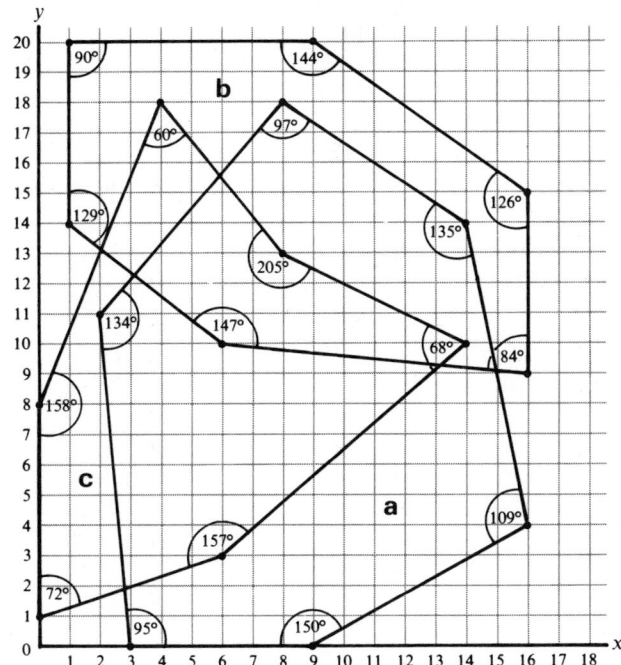

a 95° + 150° + 109° + 135° + 97° + 134° = 720°
b 90° + 144° + 126° + 84° + 147° + 129° = 720°
c 72° + 157° + 68° + 205° + 60° + 158° = 720°

Part 5 Accurate drawing

3 a 9.9 cm   b 8.3 cm   c 7.3 cm   d 7.3 cm   e 9.4 cm
4 $AC = 100$ m $AD = 120$ m   5 $VY = 89$ m $XZ = 101$ m
6 14.4 km   7 12 km   8 126 m

Bearings
Part 1 Introducing three methods

1

From	To	Direction and distance	followed by	Direction and distance
A	B	East 20 km		North 40 km
B	C	East 40 km		North 10 km
C	D	East 30 km		South 30 km
D	E	West 10 km		South 20 km
E	F	West 20 km		North 20 km
F	G	West 20 km		South 30 km
G	A	West 40 km		North 10 km

9

GEOMETRY – Answers

Bearings

2
- a Ebbw Vale
- b Bristol
- c Rhondda
- d Weston
- e Stroud
- f Merthyr
- g S
- h SE
- i NW
- j ENE
- k W
- l NE
- m 10 miles
- n 10 miles
- o 20 miles
- p 40 miles
- q 25 miles
- r 30 miles
- s Ebbw Vale
- t Porthcawl
- u Bristol
- v Stroud
- w Porlock
- x Rhondda

3
- a NE
- b SW
- c N
- d E
- e S
- f SE
- g SW
- h E
- i NNW
- j ESE
- k SSE
- l NNE
- m SSW

4
- a 120°
- b 170°
- c 100°
- d 165°
- e 190°
- f 210°
- g 260°
- h 205°
- i 040°
- j 060°
- k 085°
- l 013°
- m 350°
- n 330°
- o 280°
- p 345°
- q 045°
- r 135°
- s 225°
- t 315

5
- a 168°
- b 198°
- c 052°
- d 357°
- e 222°
- f 127°
- g 276°
- h 019°
- i 122°
- j 256°
- k 289°
- l 002°

6
- a S 30° E
- b S 15° W
- c N 20° W
- d N 15° E
- e S 12° E
- f S 22° W
- g N 65° W
- h S 85° E
- i S 88° W
- j N 59° W
- k S 6° E
- l N 6° E

7
- a 045°
- b 070°
- c 035°
- d 130°
- e 160°
- f 185°
- g 210°
- h 225°
- i 255°
- j 208°
- k 310°
- l 340°

8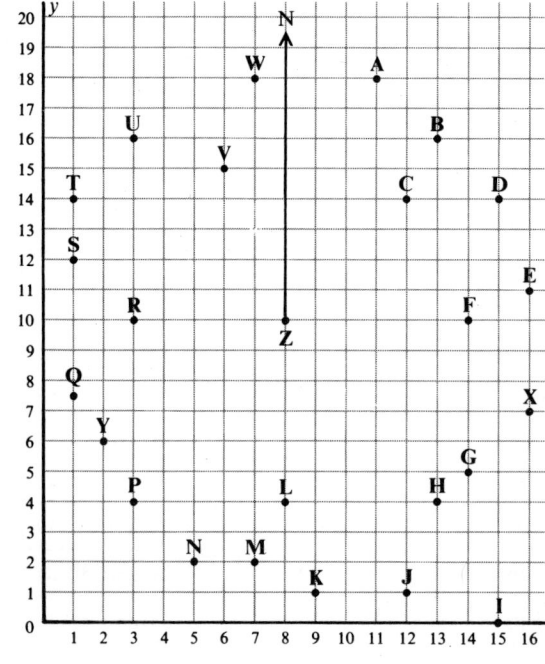

Question **8** is best done on a centimetre grid, where points A to Y will all be at least 5 cm from Z, thus facilitating the use of a protractor of radius 5 cm.

A	020°	B	040°
C	045°	D	060°
E	083°	F	090°
G	130°	H	140°
I	145°	J	156°
K	174°	L	180°
M	187°	N	201°
P	220°	Q	250°
R	270°	S	286°
T	300°	U	320°
V	338°	W	353°
X	111°	Y	237°

GEOMETRY – Answers

Bearings

9 a 180°   b 090°   c 270°   d 135°
    e 045°   f $157\tfrac{1}{2}°$ g $112\tfrac{1}{2}°$ h $202\tfrac{1}{2}°$
    i $247\tfrac{1}{2}°$ j $067\tfrac{1}{2}°$ k $337\tfrac{1}{2}°$ l $292\tfrac{1}{2}°$

Part 2   Three-figure bearings

1   020°
2   070°
3   090°
4   120°
5   170°
6   215°
7   280°
8   300°
9   010°
10   120°
11   245°
12   150°
13   155°
14   270°
15   090°
16   300°
17   120°
18   002°
19   182°
20   335°

21 a 280 km   b 350 km   c 630 km   d 700 km
     e 770 km   f 350 km   g 479 km   h 980 km
     i 392 km   j 525 km   k 805 km   l 945 km

22 a Middlesbrough   b Glasgow   c London   d Dieppe
     e Middlesbrough   f Londonderry   g Cork   h Cardiff

23 a 966 km
     b 012°
     c 192°

24   John o'Groats, Newcastle, London   Middlesbrough, Dieppe, Paris
     Galway, Cardiff, Dieppe   Inverness, Middlesbrough, Cambridge
     Glasgow, London, Dieppe

Part 3   Scale diagrams

1   32 m
2   47 m
3   33 m, 14 m
4   28 m, 48 m   } to the nearest metre
5   62 m, 23 m
6   57 m, 50 m, 72 m
7   58 m, 53 m, 68 m

8   24 km, 52 km
9 a 80 km   b 35 km
10 a 43 km   b 45 km   } to the nearest km
11 a 36 km   b 47 km
12 a 71 km   b 40 km

13 a 900 km
     b 370 + 450 + 350 = 1170 km
14   300 + 700 + 510 + 470 = 1980 km

GEOMETRY – Answers

Bearings

Part 4 The Shetland Isles

	the bearing	the distance
M from L	030°	45 km
N from M	050°	42 km
O from N	170°	50 km
P from O	140°	43 km
Q from P	170°	30 km
R from Q	200°	50 km
S from R	250°	52 km
T from S	270°	41 km
U from T	070°	50 km
V from U	015°	45 km
W from V	240°	44 km
X from W	300°	36 km
Y from X	045°	35 km
L from Y	352°	30 km

Part 5 Bearings and journeys

This computer program, written for the Research Machine 380Z, will draw a route of several stages; and can be used to check answers obtained from drawings on paper.

```
10 REM BEARINGS AND JOURNEYS
20 CLEAR 200
30 PRINT:PRINT
40 INPUT"How many stages to your journey ";N
50 DIM R(N),T(N),X(N),Y(N)
60 FOR K=1 TO N
70 PRINT:PRINT"For stage ";K;"type the distance"
80 INPUT R(K)
90 PRINT:PRINT"                and the bearing"
100 INPUT T(K)
110 T(K)=T(K)*3.14/180
120 X(K)=R(K)*SIN(T(K))
130 Y(K)=R(K)*COS(T(K))
140 X=X+X(K)
150 Y=Y+Y(K)
160 IF X>0 AND X>XR THEN XR=X
170 IF X<0 AND X<XL THEN XL=X
180 IF Y>0 AND Y>YU THEN YU=Y
190 IF Y<0 AND Y<YD THEN YD=Y
200 NEXT K
210 YS=(YU-YD)/170
220 XS=(XR-XL)/250
230 IF YS>XS THEN S=YS ELSE S=XS
240 FOR K=1 TO N
250 X(K)=X(K)/S
260 Y(K)=Y(K)/S
```

GEOMETRY – Answers

Bearings

```
270 NEXT K
280 XL=XL/S
290 YD=YD/S
300 GRAPH1
310 CALL"RESOLUTION",0,2
320 CALL"OFFSET",XL-30,YD
330 CALL"PLOT",0,0,3
340 CALL"LINE",0,25,3
350 P=(-XL+30)*60/250
360 Q=-YD*60/190
370 IF Q>52 THEN Q=52
380 PLOT P,Q,"START"
390 PLOT P+2*60/250,Q+(25*60/190),"N"
400 CALL"PLOT",0,0,3
410 X=0:Y=0
420 FOR K=1 TO N
430 X=X+X(K)
440 Y=Y+Y(K)
450 CALL"LINE",X,Y,3
460 R=Q+Y*60/190
470 IF R<0 THEN R=0
480 IF K=N THEN PLOT P+X*60/250,R,"END"
490 PRINT"Press 'return' to continue"
500 INPUT A$
510 PRINT:PRINT
520 NEXT K
530 IF X>=0 AND Y>0 THEN T=ATN(X/Y)
540 IF X>0 AND Y<0 THEN T=ATN(-Y/X)+3.14/2
550 IF X<0 AND Y>0 THEN T=ATN(-Y/X)+3*3.14/2
560 IF X<=0 AND Y<0 THEN T=ATN(X/Y)+3.14
570 PRINT"Bearing of END from START is";INT(T*180/3.1316);"degrees"
580 PRINT"Distance of END from START is"
590 PRINT TAB(25);INT(S*SQR(X^2+Y^2)*100)/100;"units"
600 INPUT"Press 'return' to end ";A$
610 GRAPH0
620 CALL"RESOLUTION",0,2
630 PRINT CHR$(12):REM CLEARS SCREEN
640 END
```

1	103 m	} to the nearest metre
2	106 m	
3	110 m	
4	96 m	
5	48 m	
6	70 m	

7		45 km	} to the nearest km
8	a	169 km	
	b	53 km	
9	a	131 km	
	b	75 km	
10	a	116 km	
	b	73 km	
11		30 km	

12	a	1640 km		} to the nearest 10 km
	b	1100 km,	097°	
13	a	2100 km		
	b	580 km,	321°	
14	a	1880 km		
	b	690 km,	188°	
15	105°, 195°, 285°			

GEOMETRY – Answers

Polar co-ordinates
Part 1
This computer program, written for the RM380Z, will draw the diagram on page 34 of the pupil's book and allow shapes to be drawn on it. It also calculates the area and perimeter of the shape, which will be useful for the Radial Surveys in part **2** on pages 178/179 of the pupil's book.

```
10 REM PLOTS A SHAPE USING POLAR COORDINATES
20 CLEAR 200
30 GRAPH1
40 PRINT:PRINT:PRINT
50 PLOT 43,38,"2",0
60 PLOT 43,47,"4",0
70 PLOT 43,54,"6",0
80 PLOT 40,59,"0",0
90 PLOT 70,29,"90",0
100 PLOT 39,0,"180",0
110 PLOT 8,29,"270",0
120 CALL"RESOLUTION",0,2
130 CALL"OFFSET",-160,-90
140 FOR R=1 TO 6
150 R=R*15
160 CALL"PLOT",R*1.2,0,2
170 FOR A=1 TO 361 STEP 10
180 B=A*3.1416/180
190 CALL"LINE",R*COS(B)*1.2,R*SIN(B),2
200 NEXT A
210 R=R/15
220 NEXT R
230 FOR A=0 TO 170 STEP 10
240 B=A*3.1416/180
250 CALL"PLOT",-90*COS(B)*1.2,-90*SIN(B),2
260 CALL"LINE",-8*COS(B)*1.2,-8*SIN(B),2
270 CALL"PLOT",8*COS(B)*1.2,8*SIN(B),2
280 CALL"LINE",90*COS(B)*1.2,90*SIN(B),2
290 NEXT A
300 PRINT"How many points are you"
310 INPUT"going to plot ";P
320 DIM R(P+1),B(P+1)
330 PRINT:PRINT
340 FOR K=1 TO P
350 PRINT"Give the polar coordinates of point";K
360 INPUT"Radius,r is ",R
370 IF R>6 THEN PRINT"Too large. Try again"
380 IF R>6 THEN 360
390 INPUT"Angle, a is ",A
400 PRINT:PRINT
410 B=A*3.1416/180
420 R(K)=R:B(K)=B
430 R=R*15
440 IF K=1 THEN R1=R
450 IF K=1 THEN B1=B
460 IF K=1 THEN CALL"PLOT",R*SIN(B)*1.2,R*COS(B),3
470 IF K>1 THEN CALL"LINE",R*SIN(B)*1.2,R*COS(B),3
480 NEXT K
490 CALL"LINE",R1*SIN(B1)*1.2,R1*COS(B1),3
500 R(P+1)=R(1):B(P+1)=B(1)
510 FOR K=2 TO P+1
520 U=U+0.5*R(K)*R(K-1)*SIN(B(K)-B(K-1))
530 V=V+SQR(R(K)^2+R(K-1)^2-2*R(K)*R(K-1)*COS(B(K)-B(K-1)))
540 NEXT K
550 PRINT"Area of shape is ";INT(U*10+0.5)/10;"square units"
560 PRINT"Perimeter of shape is ";INT(V*10+0.5)/10;"units"
570 PRINT"Type any key to end"
580 INPUT A$
590 GRAPH0
600 PRINT CHR$(12):REM CLEARS SCREEN
610 CALL"RESOLUTION",0,2
620 END
```

1 A (4, 10°)
B (5, 40°)
C (2, 50°)
D (5, 65°)
E (4, 90°)
F (4, 95°)
G (3, 110°)
H (3.5, 110°)
I (4, 110°)
J (4.5, 130°)
K (5, 135°)
L (6, 145°)
M (4, 160°)
N (3.5, 160°)
O (6, 200°)
P (1, 200°)
Q (4, 230°)
R (4, 240°)
S (3.5, 240°)
T (4, 245°)
U (2, 280°)
V (4, 290°)
W (4.5, 300°)
X (4, 315°)
Y (4.5, 325°)
Z (3.5, 345°)

GEOMETRY – Answers

Polar co-ordinates

2

Shape 1 – an arrow
2 – a star
3 – a bird
4 – a dog's head

Shape 5 – a bear
6 – a teapot
7 – a man standing
8 – a man running

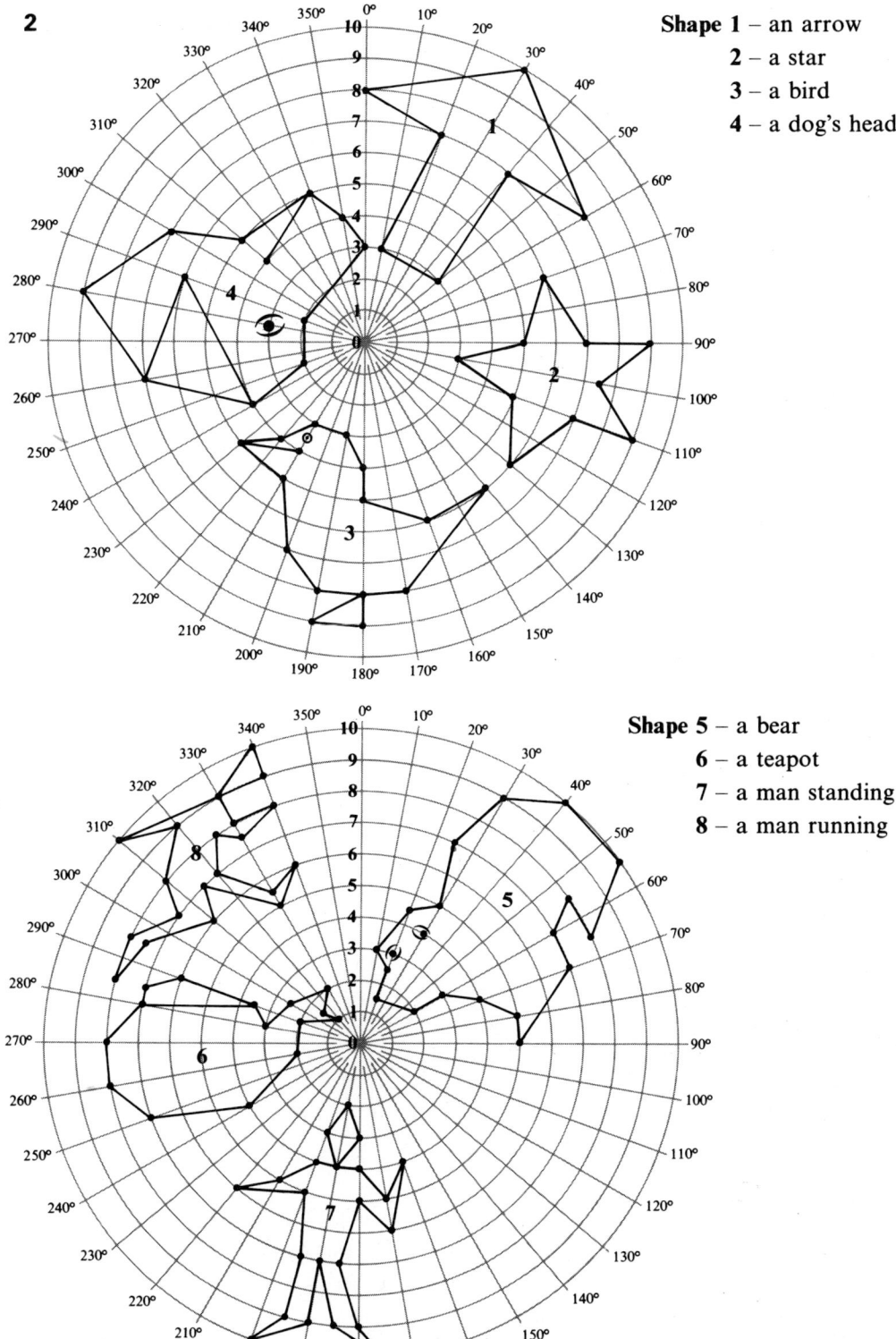

15

GEOMETRY – Answers

Polar co-ordinates

Shape 9 – a Scottie dog

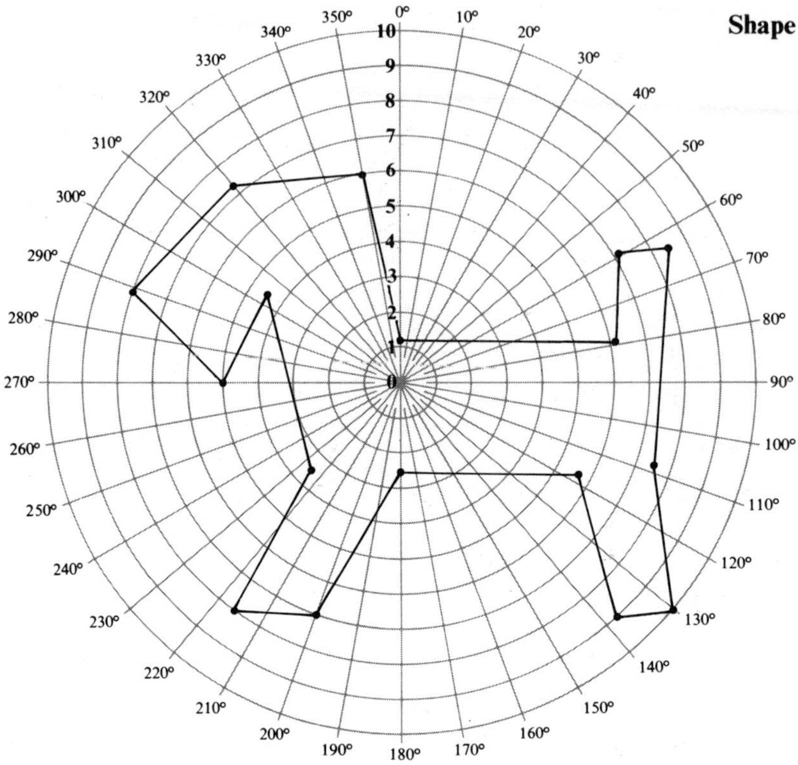

Shape 10 – a man sitting down

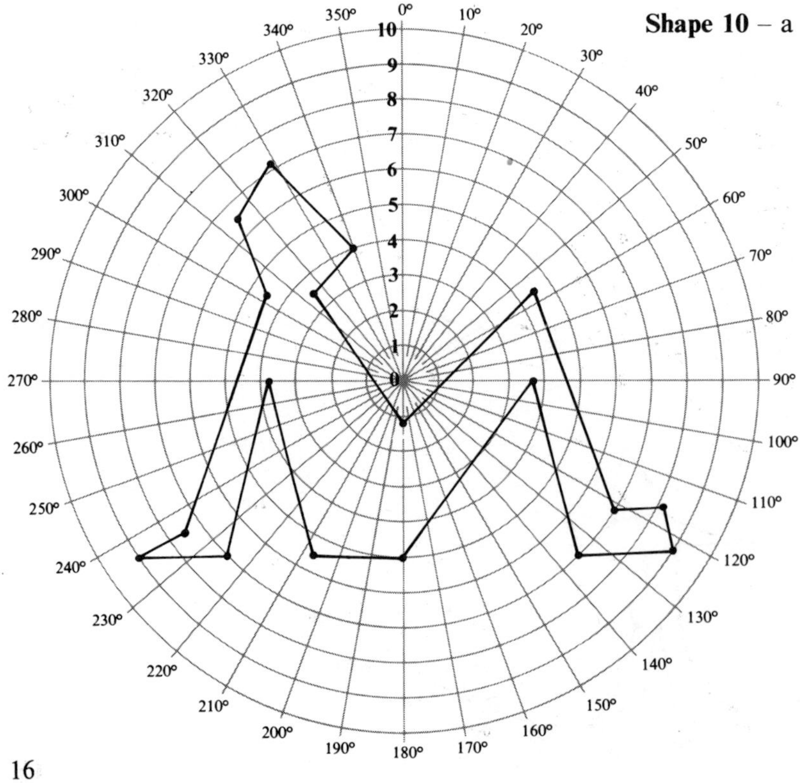

16

GEOMETRY – Answers
Polar co-ordinates
Part 2 Plotting curves

1   $r = \dfrac{\theta}{10}$

2   $r = \dfrac{\theta}{20}$

3   $r = \dfrac{\theta}{30}$

4   $r = \dfrac{\theta}{40}$

5   $r = \dfrac{\theta}{50}$

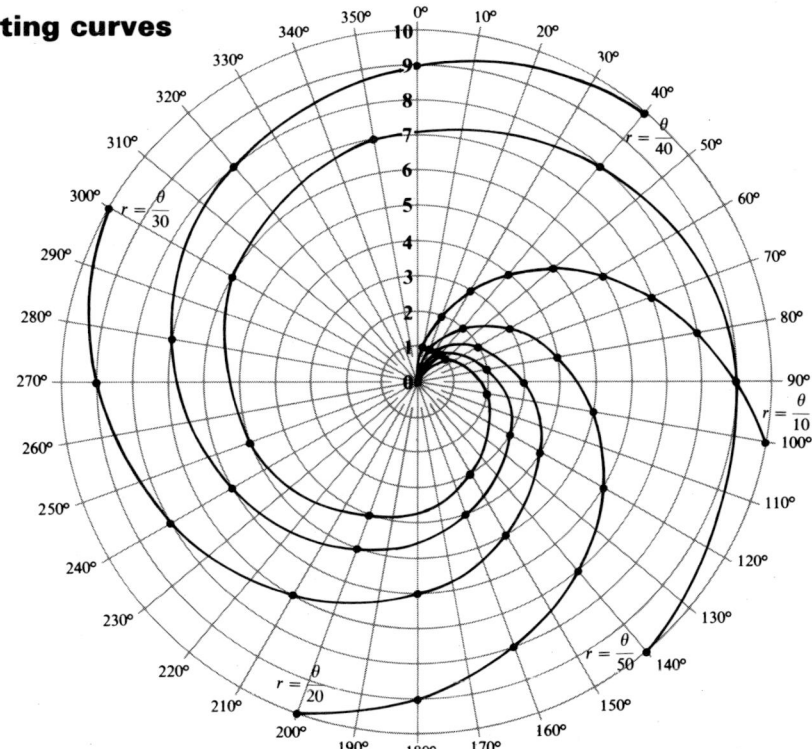

6   $r = \dfrac{\theta}{100}$

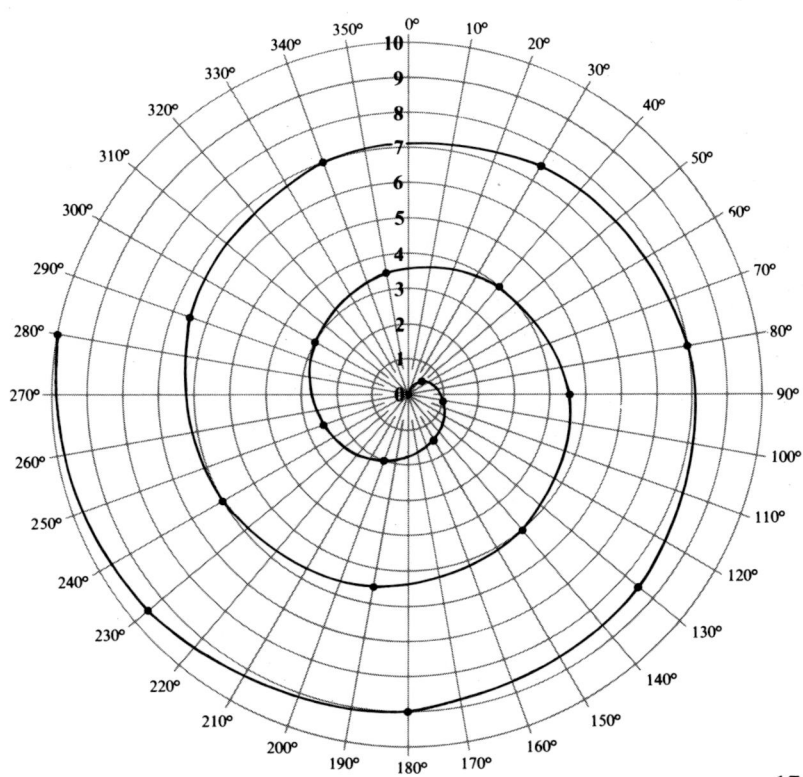

GEOMETRY – Answers

Polar co-ordinates

This program, written for the RM380Z, will draw the six spirals of this question.

```
10 REM SPIRALS
20 CLEAR 200
30 PRINT CHR$(12):REM CLEARS SCREEN
40 PRINT:INPUT"How many spirals do you want (1-6) ";S
50 CALL"RESOLUTION",0,2
60 CALL"OFFSET",-160,-90
70 FOR N=0 TO 60*(S-1) STEP 60
80 CALL"PLOT",0,0,2
90 R=0
100 A=20*R+N
110 IF A>1950 THEN 160
120 B=A*3.1416/180
130 CALL"LINE",R*SIN(B)*1.2,R*COS(B),2
140 R=R+0.5
150 GOTO 100
160 NEXT N
170 PRINT:PRINT"Press 'return' to end"
180 INPUT A$
190 CALL"RESOLUTION",0,2
200 PRINT CHR$(12)
210 END
```

7 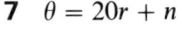 $\theta = 20r + n$

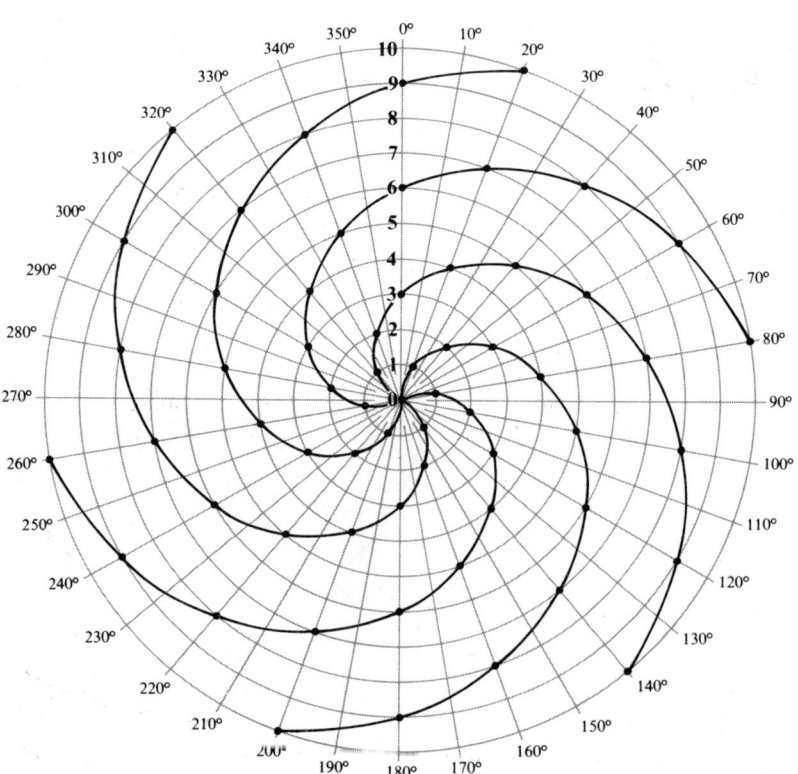

GEOMETRY – Answers

Polar co-ordinates

r	0	1	2	3	4	5	6	7	8	9	10
θ when $n = 0°$	0	20	40	60	80	100	120	140	160	180	200
θ when $n = 60°$	60	80	100	120	140	160	180	200	220	240	260
θ when $n = 120°$	120	140	160	180	200	220	240	260	280	300	320
θ when $n = 180°$	180	200	220	240	260	280	300	320	340	360	380
θ when $n = 240°$	240	260	280	300	320	340	360	380	400	420	440
θ when $n = 300°$	300	320	340	360	380	400	420	440	460	480	500

This second program illustrates two other shapes (the Cardioid and the Limaçon) which can be drawn on polar paper from these equations:

$$r = 2a(1 + \cos \theta) \text{ for the Cardioid}$$
$$r = a(1 + \cos 2\theta) \text{ for the Limaçon,}$$

where a is a constant and θ varies from 0° to 360°.

```
10 REM TWO POLAR EQUATIONS
20 PRINT:PRINT"For a CARDIOID, type 1"
30 PRINT:PRINT"For a LIMACON,  type 2"
40 INPUT Z
50 IF Z<>1 AND Z<>2 THEN 20
60 PRINT CHR$(12):REM CLEARS SCREEN
70 CALL"RESOLUTION",0,2
80 CALL"OFFSET",-120,-90
90 IF Z=1 THEN CALL"PLOT",120,0,2
100 IF Z=2 THEN CALL"PLOT",180,0,2
110 FOR A=0 TO 360
120 B=A*3.1416/180
130 IF Z=1 THEN R=50*(1+COS(B))
140 IF Z=2 THEN R=50*(1+2*COS(B))
150 CALL"LINE",R*COS(B)*1.2,R*SIN(B),2
160 NEXT A
170 IF Z=1 THEN PRINT TAB(15);"A   CARDIOID"
180 IF Z=2 THEN PRINT TAB(15);"A   LIMACON"
190 PRINT:PRINT"Press 'return' to end"
200 INPUT A$
210 CALL"RESOLUTION",0,2
220 PRINT CHR$(12)
230 END
```

Part 3 On a radar screen

1
a (50, 30°)   b (50, 70°)   c (30, 130°)
d (40, 110°) e (50, 170°) f (40, 210°)
g (40, 230°) h (50, 270°) i (55, 320°)

2
a 34 km   b 45 km   c 54 km   d 61 km
e 16 km   f 14 km   g 33 km   h 33 km
i 102 km

3 $34 + 32 + 40 = 106$ km
4 $87 + 76 = 163$ km
5 $59 + 46 = 105$ km
6 44 km
7 $45 + 79 + 14 = 138$ km
8 $92 + 68 + 46 + 46 = 252$ km

GEOMETRY – Answers

Polar co-ordinates

9 a 31 + 31 + 50 = 112 km
    b 22.4 km/h
10 a 58 + 37 + 69 = 164 km
    b 16.4 km/h
11 b 56 + 22 = 78 km
    c 53 km
12 a 90 km
    b 24 km
    c 2160 km^2
13 37 + 21 + 35 + 31 = 124 km
14 a 61 + 38 + 65 + 34 = 198 km
    b 19.8 km/h
15 a 66 km by 57 km
    b 3800 km^2
16 a 198 km
    b 70 km
    c 1750 km^2

17 a 8.1 km
    b 4.8 km
    c 7.1 km
    d 8.1 + 4.8 + 3.1 + 7.1 = 23.1 km
18 a 5.9 km
    b 10.9 km
    c 3.4 + 5.9 + 10.9 = 20.2 km
19 a 6.5 km
    b 2.9 km
    c 9.4 km^2
20 a 5.4 + 7 + 6.8 = 19.2 km
    b 230 km
    c 2.3 h = 2 h 18 min
    d 17 km^2
21 2.5 + 4 + 4.5 + 4.7 = 15.7 km
22 26 km^2
23 10.8 + 4.1 + 3.4 + 4.1 + 13.9 = 36.3 km
24 23.1 − 5.6 = 17.5 km^2

Points and lines

Each of the first four parts of this chapter may be introduced by having pupils draw and measure with rulers and protractors.

Links may also be made with algebra. For example, part **1** question **1** could give the equation $a + 110 + 150 = 360$.

Part 1 Full turns

1 $a = 100°$ 2 $b = 160°$ 3 $c = 40°$ 4 $d = 100°$
5 $e = 200°$ 6 $f = 270°$ 7 $g = 325°$ 8 $h = 180°$
9 $j = 150°$ 10 $k = 120°$ 11 $m = 150°$ 12 $n = 100°$
13 $p = 50°$ 14 $q = 150°$ 15 $r = 50°$ 16 $s = 40°$
17 $t = 25°$ 18 $u = 50°$ 19 $v = 90°$ 20 $w = 24°$

Part 2 Straight lines or half turns

1 $a = 140°$ 2 $b = 100°$ 3 $c = 60°$
4 $d = 130°$ 5 $e = 70°$ 6 $f = 35°$ 7 $g = 90°$ 8 $h = 45°$
9 $i = 40°$ 10 $j = 20°$ 11 $k = 35°$ 12 $n = 20°$
13 $p = 60°$ 14 $q = 60°$ 15 $r = 45°$ 16 $s = 22\tfrac{1}{2}°$
17 $t = 50°$ 18 $u = 120°$ 19 $v = 40°$ 20 $w = 80°$

GEOMETRY – Answers

Points and lines

Part 3 Vertically opposite angles

1. $a = 150°$
   $b = c = 30°$
2. $d = 120°$
   $e = f = 60°$
3. $h = 40°$
   $g = i = 140°$
4. $j = k = 90°$
5. $m = 75°$
   $l = n = 105°$
6. $y = 65°$
   $z = 50°$
7. $p = 80°$
   $q = 20°$
8. $c = 40°$
   $d = 60°$
9. $s = 70°$
   $t = 140°$
10. $p = r = 60°$
    $q = 120°$
11. $x = y = 70°$
    $z = 110°$
12. $s = 60°$
    $t = 80°$
    $u = 100°$
13. $v = 20°$
    $w = 85°$
    $x = 95°$
14. $a = 70°$
    $b = 20°$
    $c = 110°$
15. $d = 100°$
    $e = 50°$
    $f = 30°$
16. $x = 70°$
    $y = 85°$
    $z = 25°$
17. $a = c = 130°$
    $b = 40°$
18. $i = k = 45°$
    $j = 135°$
19. $l = 50°$
    $m = 25°$
20. $t = 50°, \ u = 105°, \ v = 37°,$
    $w = 143°, \ x = 92°, \ y = 88°,$
    $z = 130°$

Part 4 Parallel lines

1. $a = 120°$
2. $b = 50°$
3. $c = d = 110°$
4. $e = f = 120°$
5. $g = 125°$
   $h = 55°$
6. $i = j = 135°$
7. $n = q = 115°$
   $p = 65°$
8. $k = m = 40°$
   $l = 140°$
9. $r = u = 110°$
   $s = t = 70°$
10. $x = y = v = w = 135°$
    $z = 45°$
11. $p = 65°$
    $q = 50°$
12. $e = 40°$
    $f = 70°$
13. $m = 135°$
    $n = q = 120°$
    $p = 60°$
14. $a = b = 50°$
    $c = d = 130°$
15. $v = w = x = 80°$
    $y = z = 100°$
16. $a = b = 70°$
    $c = d = 110°$
17. $m = 30°$
    $n = 80°$
18. $u = 75°$
    $v = 45°$
19. $i = 70°$
    $j = 75°$
    $k = 105°$
20. $m = 95°$

Part 5 A mixture

1. $a = 160°$
2. $b = 300°$
3. $c = 60°$
4. $d = 140°$
5. $e = 90°$
6. $f = 50°$
7. $g = 80°$
8. $i = j = 150°$
   $k = 30°$
9. $l = 75°$
   $m = n = 105°$
10. $p = 115°$
    $q = 65°$
11. $r = 95°$
    $s = t = 85°$
12. $u = v = 130°$
    $w = x = 50°$
13. $y = 30°$
14. $z = 20°$
15. $p = 70°$
    $q = 40°$
16. $a = 35°$
    $b = 55°$
17. $x = 50°$
    $y = 130°$
    $z = 60°$
18. $a = d = 115°$
    $b = 35°$
    $c = 30°$
19. $m = 50°$
20. $z = 45°$
21. $a = 50°$
22. $b = 45°$
23. $c = 70°$
    $d = 110°$
24. $e = 20°$
    $f = 40°$
    $g = 140°$
25. $h = 36°$
    $i = 72°$

GEOMETRY – Answers

Triangles

Part 1 Naming triangles

1. a acute   b right   c obtuse   d acute
   e obtuse   f right   g acute   h obtuse

2. a isosceles   b equilateral   c scalene   d isosceles
   e scalene   f isosceles   g equilateral   h isosceles

3. a right-angled, isosceles   b acute-angled, isosceles
   c acute-angled, equilateral   d right-angled, scalene
   e acute-angled, scalene   f obtuse-angled, scalene
   g obtuse-angled, isosceles   h acute-angled, isosceles

4.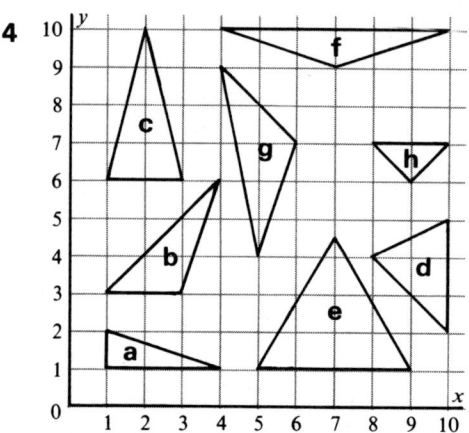

   a right-angled, scalene
   b obtuse-angled, scalene
   c acute-angled, isosceles
   d acute-angled, scalene
   e acute-angled, equilateral
   f obtuse-angled, isosceles
   g obtuse-angled, scalene
   h right-angled, isosceles

Part 2 Angles in triangles

If drawn on a centimetre grid, a protractor of 5 cm radius can easily be used. The program given on p. 25 of this book can be used with this question.

3. a $55° + 65° + 60° = 180°$ b $56° + 50° + 74° = 180°$
4. a $51° + 61° + 68° = 180°$ b $41° + 49° + 90° = 180°$
   c $45° + 55° + 80° = 180°$ d $32° + 36° + 112° = 180°$

5. 50°   6. 90°   7. 40°   8. 15°
9. 40°   10. 30°   11. 15°
12. 130°   13. 160°   14. 90°
15. 126°   19. No
16. 16°   20. Yes
17. 100°   21. 2° too small
18. 60°

22. $a = 50°$ 23. $b = 40°$ 24. $c = 50°$ 25. $d = 30°$
26. $f = 30°$ 27. $g = 50°$ 28. $h = 40°$
29. $i = 60°$ 30. $j = 30°$ 31. $k = 25°$ 32. $m = 60°$

33. 50°, 50°, 80°   35. 45°, 45°, 90°
34. 45°, 45°, 90°   36. 50°, 60°, 70°

GEOMETRY – Answers

Triangles

Part 3   Isosceles and equilateral triangles

1. $a = 50°$
    $b = 80°$
2. $c = 70°$
    $d = 40°$
3. $e = 40°$
    $f = 100°$
4. $g = 55°$
    $h = 70°$
5. $i = 35°$
    $j = 110°$
6. $k = 65°$
    $l = 50°$
7. $m = 74°$
    $n = 32°$
8. $k = 80°$
9. $l = 50°$
10. $m = 20°$
11. $n = 10°$
12. $r = 60°$
13. $q = 65°$
14. $p = 45°$
15. No
16. 2° too small
17. Yes
18. Having equal angles; yes
19. 45°, 45°, 90°
20. 45°, 45°, 90°
21. 58°
22. 40°, 40°, 100°; 70°, 70°, 40°
23. $a = 36°$
24. $b = 30°$
25. $c = 20°$
26. $d = 50°$
27. $e = 40°$
28. $f = 28°$
29. $g = 20°$
30. $h = 75°$

Part 4   Triangles sharing an angle

1. $a = 90°$, $b = 60°$
2. $c = 40°$, $d = 70°$
3. $e = 115°$, $f = 70°$
4. $g = h = 55°$
5. $i = 110°$, $j = 80°$, $k = 60°$
6. $l = 95°$, $m = 75°$
7. $n = 125°$, $p = 50°$
8. $q = 30°$, $r = 120°$, $s = 60°$
9. $t = 80°$, $u = 20°$, $v = 50°$
10. $w = 55°$, $x = 35°$, $y = 110°$
11. $z = 65°$, $a = 50°$
12. $b = 15°$, $c = 60°$, $d = 30°$
13. $e = f = 20°$, $g = h = 70°$
14. $i = 80°$, $j = k = 20°$
15. $l = m = n = 25°$, $p = 105°$
16. $q = 30°$, $r = s = 75°$, $t = 45°$
17. $u = v = 45°$, $w = 67\frac{1}{2}°$
18. $x = 45°$, $y = 135°$, $z = 22\frac{1}{2}°$
19. $a = 75°$, $b = 45°$, $c = 30°$
20. $d = 60°$, $e = 30°$

Part 5   Triangles sharing a side

1. $a = 50°$, $b = 70°$
2. $c = 120°$, $d = 20°$
3. $e = 60°$, $f = 70°$
4. $g = 100°$, $h = 80°$
5. $i = 115°$, $j = 60°$
6. $k = 70°$, $l = 40°$, $m = 50°$
7. $n = 65°$, $p = 50°$, $q = 90°$, $r = 63°$
8. $s = 35°$, $t = 110°$, $u = 45°$, $v = 90°$, $w = 55°$, $x = 105°$
9. $y = 80°$, $z = 30°$
10. $a = 40°$, $b = 50°$
11. $c = 20°$, $d = 140°$, $e = 50°$
12. $f = 50°$, $g = 20°$
13. $h = 70°$, $i = 50°$
14. $j = 30°$, $k = 40°$
15. $l = 30°$, $m = 30°$
16. $n = 30°$, $p = 20°$
17. $q = 25°$, $r = 35°$, $s = 40°$
18. $t = 40°$, $u = 65°$, $v = 35°$
19. $w = 65°$, $x = 77\frac{1}{2}°$
20. $y = 30°$, $z = 85°$

GEOMETRY – Answers

Polygons
Part 1 Quadrilaterals

1 **A** a square   **B** a convex quadrilateral   **C** a rectangle   **D** a rhombus   **E** a kite
   F a trapezium   **G** an isosceles trapezium   **H** a parallelogram   **I** a concave or re-entrant quadrilateral

2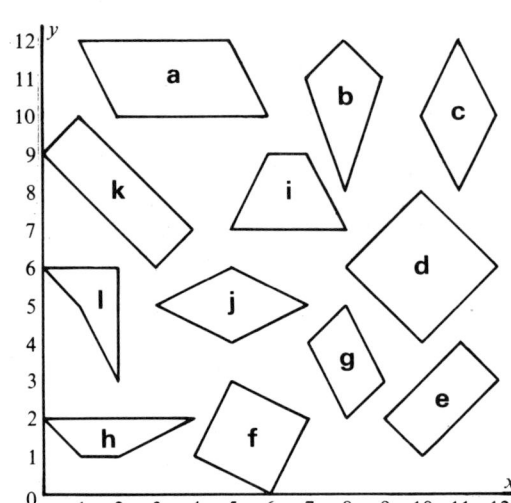

   a parallelogram
   b kite
   c rhombus
   d square
   e rectangle
   f square
   g parallelogram
   h trapezium
   i isosceles trapezium
   j rhombus
   k rectangle
   l concave or re-entrant quadrilateral

3 a square   b rectangle
   c parallelogram   d rhombus
   e kite   f parallelogram
   g trapezium   h trapezium
   i isosceles trapezium j isosceles trapezium
   k concave or re-entrant quadrilateral   l convex quadrilateral

4

	Parallelogram	Rectangle	Square	Rhombus	Kite	Trapezium	Isosceles trapezium
a	Yes	Yes	Yes	Yes	No	No	No
b	No	Yes	Yes	No	No	No	No
c	Yes	Yes	Yes	Yes	No	No	No
d	Yes	Yes	Yes	Yes	No	No	No
e	No	No	Yes	Yes	No	No	No
f	No	Yes	Yes	No	No	No	Yes
g	Yes	Yes	Yes	Yes	No	No	No
h	No	No	Yes	Yes	Yes	No	No
i	0	2	4	2	1	0	1
j	2	2	4	2	1	1	1

5 a square   d square   g square
   b square   e rectangle   h rhombus
   c rhombus   f rhombus or kite

24

GEOMETRY – Answers

Polygons

Part 2 Angles in polygons

1 **A** triangle **B** quadrilateral **C** hexagon **D** pentagon **E** decagon
    F heptagon **G** pentagon **H** quadrilateral **I** octagon

Question **2** is designed for use on a centimetre grid so that a protractor of radius 5 cm can be used.

The computer program, written for the RM380Z, can be used to illustrate this topic and check answers found from drawings on paper.

```
10 REM DRAW A POLYGON AND FIND ITS ANGLES
20 CLEAR 200
30 PRINT:INPUT"How many corners has the polygon";Z
40 DIM X(Z),Y(Z)
50 PRINT:INPUT"What is the largest x-coordinate";X
60 PRINT:INPUT"What is the largest y-coordinate";Y
70 PRINT:PRINT:PRINT
80 IF X>Y THEN Y=X ELSE X=Y
90 GRAPH 1
100 CALL"RESOLUTION",0,2
110 CALL"PLOT",0,0,2
120 CALL"LINE",190*1.2,0,2
130 PLOT 58,0,"X"
140 CALL"PLOT",0,0,2
150 CALL"LINE",0,190,2
160 PLOT 0,58,"Y"
170 PRINT"What is the x-coordinate of point A "
180 INPUT X(1)
190 PRINT"What is the y-coordinate of point A "
200 INPUT Y(1)
210 PRINT:PRINT
220 CALL"PLOT",X(1)*190*1.2/X,Y(1)*190/Y,2
230 PLOT X(1)*58/X,Y(1)*58/Y,"A"
240 FOR K=2 TO Z
250 PRINT"What is the x-coordinate of point ";CHR$(64+K)
260 INPUT X(K)
270 PRINT"What is its y-coordinate"
280 INPUT Y(K)
290 PRINT:PRINT
300 CALL"LINE",X(K)*190*1.2/X,Y(K)*190/Y,2
310 PLOT X(K)*58/X,Y(K)*58/Y,CHR$(64+K)
320 NEXT K
330 CALL"LINE",X(1)*190*1.2/X,Y(1)*190/Y,2
340 PRINT"Press 'return' for the angles"
350 INPUT A$
360 L=Z:M=1:N=2
370 GRAPH0
380 PRINT CHR$(12):REM CLEARS SCREEN
390 GOSUB 480
400 FOR K=2 TO Z-1
410 L=K-1
420 M=K
430 N=K+1
440 GOSUB 480
450 NEXT K
460 L=Z-1:M=Z:N=1
470 GOSUB 480
480 REM SUBROUTINE FOR ANGLES
490 P= (X(L)-X(N))^2 + (Y(L)-Y(N))^2
500 Q= (X(L)-X(M))^2 + (Y(L)-Y(M))^2
510 R= (X(N)-X(M))^2 + (Y(N)-Y(M))^2
520 C=(Q+R-P)/(2*SQR(Q*R))
530 IF C=0 THEN A=90
540 IF C=0 THEN 600
550 IF 1-C^2<0 THEN T=0
560 IF 1-C^2<0 THEN 580
570 T=(SQR(1-C^2))/ABS(C)
580 A=ATN(T)*180/3.1416
590 IF C<0 THEN A=180-A
600 PRINT TAB(32);"ANGLE ";CHR$(64+M);"="
610 PRINT TAB(35);INT(A+0.5)
620 PRINT
630 IF M=Z THEN 660
640 RETURN
650 REM RE-PLOT LABELS
660 PRINT:PRINT
670 PLOT 58,0,"X"
680 PLOT 0,56,"Y"
690 FOR K=1 TO Z
700 PLOT X(K)*58/X,Y(K)*58/Y-2,CHR$(64+K)
710 NEXT K
720 PRINT"Press 'return' to end"
730 INPUT A$
740 PRINT CHR$(12)
750 CALL"RESOLUTION",0,2
760 END
```

25

GEOMETRY – Answers

Polygons

2 a

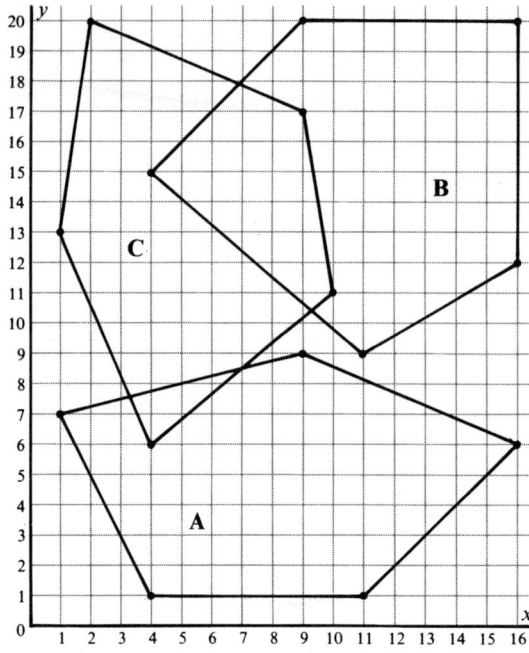

$A \quad 77° + 117° + 135° + 68° + 143° = 540°$
$B \quad 90° + 135° + 86° + 108° + 121° = 540°$
$C \quad 149° + 73° + 120° + 123° + 75° = 540°$

b

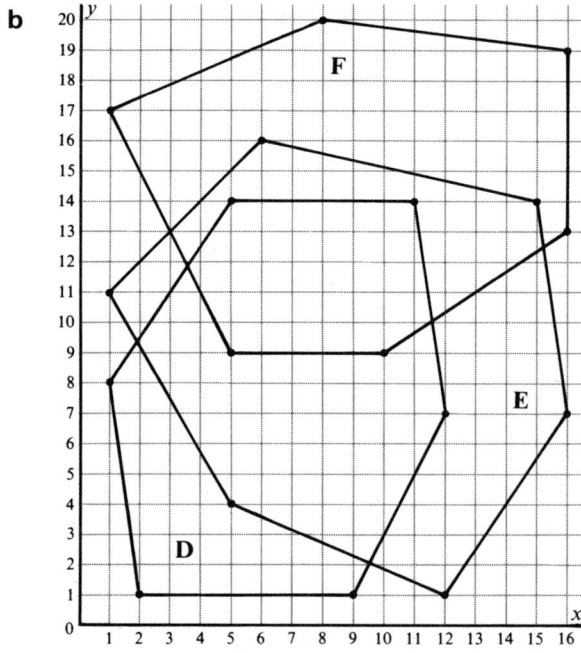

$D \quad 98° + 117° + 145° + 98° + 124° + 138° = 720°$
$E \quad 105° + 143° + 100° + 138° + 111° + 123° = 720°$
$F \quad 86° + 117° + 146° + 124° + 97° + 150° = 720°$

GEOMETRY – Answers

Polygons

c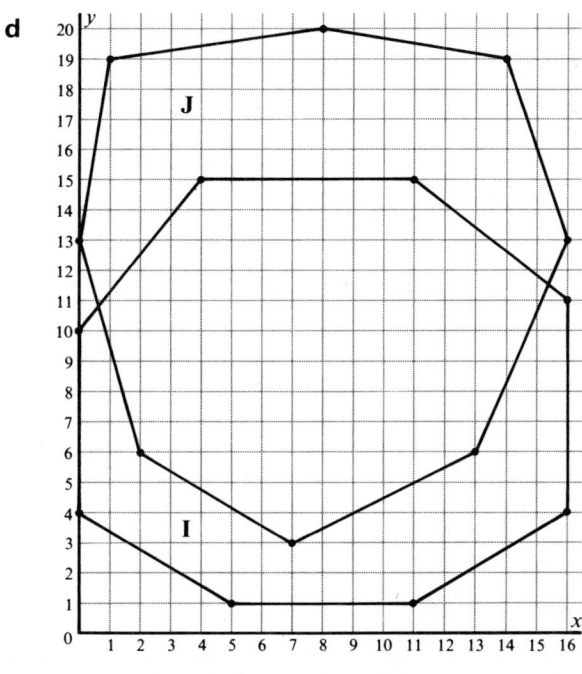

G   124° + 117° + 153° + 106° + 155° + 99° + 146° = 900°
H   108° + 144° + 124° + 116° + 137° + 118° + 153° = 900°

d

I   141° + 121° + 149° + 149° + 121° + 129° + 141° + 129° = 1080°
J   155° + 137° + 122° + 140° + 138° + 118° + 162° + 108° = 1080°

GEOMETRY – Answers

Polygons

3

Polygon	Number of sides	Number of triangles	Sum of all angles
Triangle	3	1	$1 \times 180° = 180°$
Quadrilateral	4	2	$2 \times 180° = 360°$
Pentagon	5	3	$3 \times 180° = 540°$
Hexagon	6	4	$4 \times 180° = 720°$
Heptagon	7	5	$5 \times 180° = 900°$
Octagon	8	6	$6 \times 180° = 1080°$
Nonagon	9	7	$7 \times 180° = 1260°$
Decagon	10	8	$8 \times 180° = 1440°$
Undecagon	11	9	$9 \times 180° = 1620°$
Dodecagon	12	10	$10 \times 180° = 1800°$
Icosagon	20	18	$18 \times 180° = 3240°$
n-sided	n	$n-2$	$(n-2) \times 180° = 180(n-2)°$

4
- a triangle; 50°
- b quadrilateral; 100°
- c pentagon; 80°
- d hexagon; 100°
- e quadrilateral; 90°
- f octagon; 50°
- g pentagon; 190°
- h quadrilateral; 290°
- i octagon; 120°
- j hexagon; 40°
- k heptagon; 80°
- l hexagon; 250°

5 110°
6 105°
7 130°
8 115°
9 105°
10 120°
11 165°
12 $177\frac{1}{2}°$

13 $m = 120°$
14 $n = 80°$
15 $p = 20°$
16 $q = 50°$
17 $r = 40°$
18 $s = 45°$
19 $t = 35°$
20 $u = 57°$
21 $v = 60°$
22 $w = 30°$
23 $x = 100°$
24 $y = 80°$

25 55°, 60°, 65°
26 60°, 90°, 105°, 105°
27 80°, 130°

28 $u = 35°$
29 $w = 115°$
30 $x = 70°$
31 $y = 80°$
32 $z = 60°$

Part 3 Regular polygons

The graphical work of questions **1** and **3** can be used to illustrate the mathematical idea of a *limit*.

Also, as n is integer, it emphasises the difference between a *continuous* and a *discrete* variable.

GEOMETRY – Answers

Polygons

1

Regular polygon	Number of sides	Sum of **all** internal angles	Size of **one** internal angle	Size of **one** external angle	Sum of **all** external angles
Triangle	3	180°	60°	120°	360°
Quadrilateral	4	360°	90°	90°	360°
Pentagon	5	540°	108°	72°	360°
Hexagon	6	720°	120°	60°	360°
Heptagon	7	900°	$128\frac{4}{7}°$	$51\frac{3}{7}°$	360°
Octagon	8	1080°	135°	45°	360°
Nonagon	9	1260°	140°	40°	360°
Decagon	10	1440°	144°	36°	360°
Undecagon	11	1620°	$147\frac{3}{11}°$	$32\frac{8}{11}°$	360°
Dodecagon	12	1800°	150°	30°	360°
Icosagon	20	3240°	162°	18°	360°
n-sided	n	$180(n-2)°$	$\frac{180(n-2)°}{n} = 180° - \frac{360°}{n}$	$\frac{360°}{n}$	360°

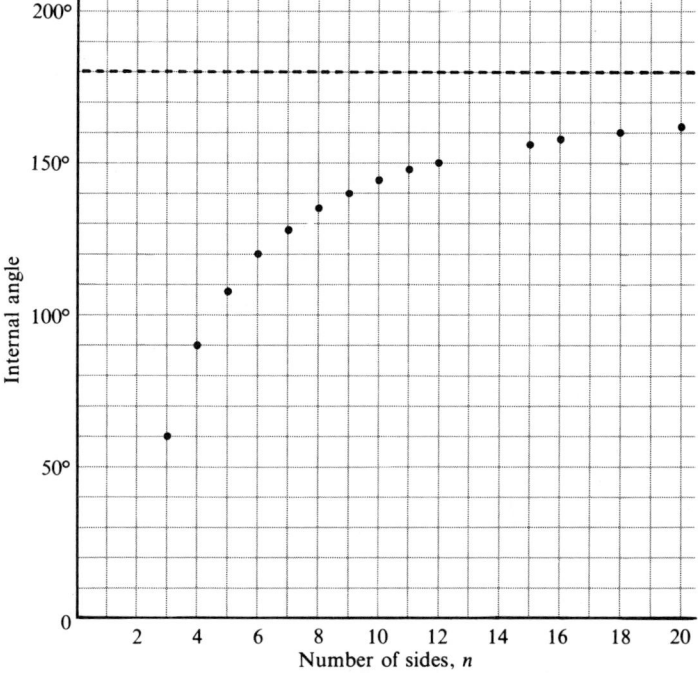

Other useful points to plot are (15, 156°), (16, $157\frac{1}{2}°$) and (18, 160°) for a 15-, 16- and 18-sided regular polygon.

Strictly, the points should not be joined by a curve as the number of sides, n can have only integer values.

As $n \to \infty$, one internal angle $\to 180°$ and the regular polygon $\to$ a circle.

GEOMETRY – Answers
Polygons

3 A graphical exercise

Name of polygon	Triangle	Quadrilateral	Pentagon	Hexagon	Heptagon	Octagon
Number of sides n	3	4	5	6	7	8
Angle $\alpha°$	120	90	72	60	51.4	45
Length of one side L cm	8.66	7.07	5.88	5	4.34	3.83
Area of polygon A cm²	32.5	50	59.5	65	68.4	70.7

Nonagon	Decagon	Undecagon	Dodecagon	15-sided	16-sided	18-sided	Icosagon
9	10	11	12	15	16	18	20
40	36	32.7	30	24	22.5	20	18
3.42	3.09	2.82	2.59	2.08	1.95	1.74	1.56
72.3	73.5	74.4	75	76.3	76.5	77	77.1

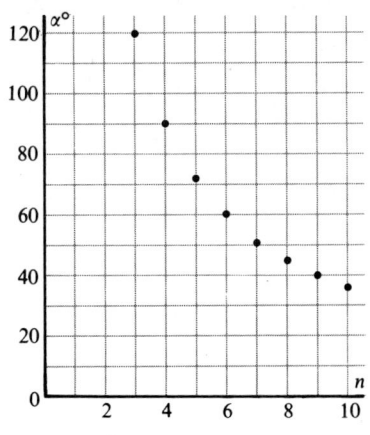

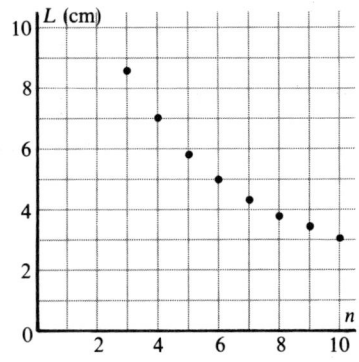

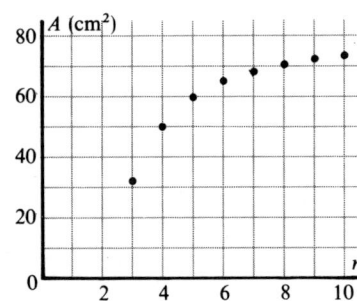

Sufficient data is given in the table to extend these graphs beyond $n = 10$ if required.

- **a** Strictly, the points should not be joined by a curve as the number of sides, n can have only integer values.
- **b** As $n \to \infty$, $\alpha \to 0$.
- **c** As $n \to \infty$, $L \to 0$.
- **d** As n increases, the area of the polygon increases also.
- **e** 78.5 cm²
- **f** a circle of radius 5 cm
- **g** 78.5 cm²
- **h** 'As $n \to \infty$, the area of a regular polygon $\to$ the area of a circle.'

GEOMETRY – Answers

Polygons

4 a 1 full turn
   b 360°
   c 1 full turn
   d 360°

5 a regular pentagon

6 a an equilateral triangle or an equiangular triangle
   b a square
   c a heptagon
   d a heptagon
   e a hexagon

7 a 1080°, 135°   b 1800°, 150°   c 2880°, 160°   d 4140°, 165.6°   e 2340°, 156°

8 a 36°   b 20°   c 9°   d 22.5°   e 12°

9 a 10 sides   b 20 sides   c 30 sides   d 18 sides   e 9 sides

10 a 72°, 5 sides   b 30°, 12 sides   c 10°, 36 sides   d 15°, 24 sides   e 24°, 15 sides

11 a 36°   b 10 sides
12 a 60°   b 6 sides
13 a 18°   b 20 sides
14 a 20°   b 18 sides
15 a 40°   b 9 sides
16 a 72°   b 5 sides

17 $n = \dfrac{360°}{x}$

18 a $\dfrac{360°}{n}$
    b $180° - \dfrac{360°}{n}$

19 a $n - 2$ triangles
    b $180(n - 2)°$
    c $\dfrac{180(n - 2)°}{n}$
    d $180° - \dfrac{180(n - 2)°}{n}$

Revision problems

Part 1 Triangles and lines

1 $a = 70°$, $b = 150°$
2 $c = 50°$, $d = 140°$
3 $e = 30°$, $f = 150°$
4 $g = 105°$, $h = 50°$
5 $i = 60°$, $j = 80°$, $k = 40°$, $l = 140°$
6 $m = n = 20°$, $p = 140°$
7 $q = 40°$, $r = s = 70°$
8 $t = 80°$, $u = 60°$
9 $v = 35°$, $w = x = 55°$
10 $y = z = b = 40°$, $a = 100°$
11 $c = 130°$, $d = 50°$, $e = 70°$
12 $f = 80°$, $g = h = j = 50°$, $i = k = l = 130°$
13 $b = 70°$
14 $c = 80°$
15 $d = 70°$
16 $r = 50°$
17 $n = 20°$, $p = 30°$
18 $e = 70°$, $f = 40°$
19 $a = 30°$, $b = 70°$
20 $c = 45°$, $d = 50°$, $e = 80°$
21 $f = 70°$, $g = 40°$, $h = 20°$, $i = 90°$
22 $j = 30°$, $k = 50°$, $l = m = 65°$

GEOMETRY – Answers

Revision problems

23 $n = q = 30°$
    $p = 150°$
    $r = 50°$

24 $s = 75°$
    $t = u = w = 30°$
    $v = 150°$
    $x = 120°$

25 $a = y = z = 120°$

26 $b = 40°$
    $c = 100°$
    $d = 20°$
    $e = 140°$
    $f = 120°$

27 $g = 20°$
    $h = i = 80°$
    $j = 70°$

28 $k = l = 50°$
    $m = 30°$
    $n = 120°$
    $p = 10°$
    $q = r = 85°$

29 $s = u = 40°$
    $t = 140°$
    $v = w = 70°$

30 $a = b = y = z = 80°$
    $c = 20°$
    $d = 100°$
    $e = 60°$

Part 2 Using parallel lines

1 $q = 125°$
2 $j = 20°$
3 $k = 55°$
4 $g = i = 60°$
   $h = 120°$

5 $l = 60°$
6 $m = 50°$
7 $n = 120°$
   $p = 60°$
8 $q = 80°$

9 $r = s = 25°$
10 $t = 90°$
11 $a = 40°$
    $b = 120°$
12 $u = 60°$

13 $v = 130°$
    $w = 50°$
14 $x = 140°$
15 $y = 105°$
16 $z = 70°$

17 $a = 50°$
    $b = 60°$
18 $c = 40°$
    $d = e = 70°$
19 $f = 130°$
    $g = 30°$
    $h = 50°$
20 $i = j = 35°$
    $k = 110°$
    $l = 145°$

21 $m = p = 80°$
    $q = 20°$
22 $r = 75°$
    $s = t = u = 30°$
    $v = 120°$
23 $w = 40°$
    $x = y = 80°$
24 $a = z = 25°$
    $b = 90°$
    $c = 65°$

25 $d = e = 110°$,
    $f = 30°$, $g = 40°$
26 $h = 40°$, $i = j = 60°$
27 $k = l = n = p = 80°$,
    $m = q = 20°$

28 $r = u = 65°$,
    $s = t = w = 50°$,
    $v = 80°$
29 $u = w = 105°$, $v = 75°$
30 $x = z = 70°$, $y = 110°$

Part 3 A mixture

1 $a = b = 70°$, $c = 110°$,
   $d = e = 35°$
2 $f = 25°$, $g = 130°$,
   $h = i = 50°$, $j = 80°$
3 $k = 50°$, $l = 30°$,
   $m = 60°$, $n = 70°$

4 $p = s = 70°$, $q = 110°$,
   $r = 60°$
5 $t = 40°$, $u = 60°$,
   $v = w = 50°$
6 $a = y = 30°$, $b = 55°$,
   $x = 65°$, $z = 85°$

7 $c = e = f = 65°$,
   $d = g = 50°$
8 $h = 20°$, $i = 140°$,
   $j = l = 40°$,
   $k = m = 80°$
9 $a = 70°$, $b = 40°$

10 $d = 70°$
    $e = 30°$
11 $f = 70°$
    $g = 35°$
12 $h = 80°$
    $i = 20°$
13 $n = 60$
    $p = 100°$
    $q = 80°$
    $r = s = 40°$

GEOMETRY – Answers
Revision problems

14 $t = v = 40°$, $u = 80°$, $w = 20°$, $x = 120°$

15 $a = b = y = 35°$, $c = z = 110°$, $d = 70°$, $e = f = 55°$

16 $g = 30°$, $h = l = 75°$, $i = 105°$, $j = k = 37\tfrac{1}{2}°$

17 $k = 35°$, $l = 20°$

18 $m = 75°$

19 $s = 100°$

20 $f = 140°$

21 $g = 100°$, $h = 80°$, $i = 50°$

22 $j = 70°$, $k = 40°$

23 $l = 62\tfrac{1}{2}°$

24 $m = 120°$, $n = 60°$

25 $p = 120°$, $q = 30°$, $r = s = 75°$

26 $t = 70°$, $u = 140°$

27 $v = 100°$, $w = 50°$

28 $x = 65°$

29 $c = 70°$

30 $d = 145°$

Constructions
Part 1 Triangles

3

	Lengths of sides cm			Sizes of angles			Height cm	Area cm²
	AB	AC	BC	∠A	∠B	∠C		
a	7.0	6.5	6.0	53°	59°	68°	5.2	18.2
b	8.0	7.5	7.0	53°	60°	67°	6.0	24.0
c	6.5	6.0	5.5	52°	59°	69°	4.7	15.3
d	8.5	8.5	7.0	49°	65°	66°	6.4	27.2
e	9.5	7.5	7.0	47°	51°	82°	5.5	26.1
f	6.2	5.8	5.5	54°	60°	66°	4.7	14.6
g	9.8	8.6	4.3	26°	61°	93°	3.8	18.6
h	8.5	5.0	4.6	26°	29°	125°	2.2	9.4

The heights tabulated here take AB as the base of each triangle.

6

	Lengths of sides cm			Sizes of angles			Height cm	Area cm²
	AB	AC	BC	∠A	∠B	∠C		
a	6.8	6.2	7.5	70°	51°	59°	5.8	19.7
b	7.4	6.5	6.5	55°	55°	70°	5.3	19.6
c	9.8	4.1	10.1	82°	24°	74°	4.1	20.1
d	6.5	6.0	2.5	23°	67°	90°	2.3	7.5
e	8.5	5.0	5.7	40°	35°	105°	3.2	13.6
f	7.5	6.8	11.0	100°	38°	42°	6.7	25.1
g	5.2	5.2	9.0	120°	30°	30°	4.5	11.7
h	8.7	4.6	12.3	134°	16°	30°	3.3	14.4

The heights tabulated here take AB as the base of each triangle.

GEOMETRY – Answers

Constructions

9

	Lengths of sides cm			Sizes of angles			Height cm	Area cm²
	AB	AC	BC	∠A	∠B	∠C		
a	8.0	5.7	6.2	50°	45°	85°	4.3	17.2
b	6.5	4.3	6.8	75°	38°	67°	4.2	13.7
c	5.8	5.5	2.7	27°	71°	82°	2.5	7.3
d	4.8	5.3	7.2	90°	48°	42°	5.3	12.7
e	7.1	8.3	4.3	31°	90°	59°	4.3	15.3
f	4.5	8.6	6.5	48°	100°	32°	6.4	14.4
g	6.8	9.8	4.8	26°	115°	39°	4.3	14.6
h	5.9	10.3	5.3	21°	135°	24°	3.7	10.9

The heights tabulated here take AB as the base of each triangle.

Part 2   Bisecting an angle

3   $BX = 2.8$ cm, $CX = 3.2$ cm
4   $QY = 4.8$ cm, $RY = 7.2$ cm
5   $PY = 2.8$ cm
6   They are concurrent. $AL = 6.7$ cm, $AM = 4.8$ cm, $AN = 3.6$ cm
7   They are concurrent.

Part 3   Bisecting a line

3   $AX = 5.8$ cm, $CX = 3.2$ cm
4   $QY = 5.6$ cm, $RY = 2.4$ cm
5   $LA = MA = NA = 4.9$ cm
6   $XI = YI = ZI = 5.7$ cm
7   They are concurrent.

Part 4   Constructing a perpendicular at a point on a line

2   $AY = 6.7$ cm, $BY = 7.8$ cm
3   $IL = 6.4$ cm, $JL = 6.1$ cm
4   $YN = 12.6$ cm, $OP = 5$ cm
5   a   10.8 cm   b   10.8 cm

Part 5   Constructing a perpendicular to a line from a point off the line

2   $AZ = 2.7$ cm, $XZ = 5.3$ cm
3   $PS = 4.9$ cm, $RS = 6.3$ cm
4   $IX = 6.9$ cm
5   They are concurrent.
     $OX = 4.7$ cm, $OY = 2.7$ cm, $OZ = 1.5$ cm
6   They are concurrent.

GEOMETRY – Answers

Constructions

Part 6   Angles of 60°, 30°, 45° etc.

8   8.7 cm
9   7.5 cm
10   2.8 cm
11   3.5 cm
12   6.6 cm

Part 7   Incircles and circumcircles

1   a   2.5 cm   b   2.3 cm   c   2.1 cm   d   1.7 cm
    e   2 cm   f   1.8 cm
2   a   5.3 cm   b   4.8 cm   c   5.5 cm   d   5 cm
    e   5 cm   f   5.8 cm
3   5.8 metres   5   5.7 cm
4   27.9 metres   6   3.4 metres

Part 8   General problems

1   5.4 cm   6   5.6 cm   11   At the centre of the circle.
2   4.5 cm   7   5.4 cm   12   5.0 cm,   10.2 cm
3   5.2 cm   8   5.6 cm   13   6.9 cm
4   5.1 cm   9   4.8 cm   14   5.6 cm
5   3.6 cm   10 3.4 cm   15   3.0 cm

Angles in circles

Part 1   Angles on the same arc

1   $a = 30°, b = 50°$ 2 $c = 40°, d = 25°$ 3 $e = g = 30°, f = 80°,$
                                                                $h = 70°$

4   $i = j = 60°, k = 30°$ 5 $l = 150°, m = 30°$ 6 $n = 20°, p = r = 50°,$
                                                                $q = s = 130°$

7   $t = u = v = 40°,$ 8 $x = 135°$ 9 $y = 65°$
    $w = 100°$

10 $z = 25°$ 11 $m = 120°, n = 40°$ 12 $h = 40°$

Part 2   Angles at the centre and at the circumference

1   $a = 50°$ 2 $b = 40°, c = 80°$ 3 $d = 100°$

4   $e = 130°, f = 260°$ 5 $g = 40°$ 6 $h = 20°, i = 40°$

7   $j = 20°, k = 40°,$ 8 $m = 50°, n = 80°,$ 9 $r = 110°, s = 140°,$
    $l = 80°$ $p = 40°, q = 140°$ $t = 70°$

10 $u = 15°, v = 30°$ 11 $w = 180°, x = 90°$ 12 $y = 65°, z = 35°$

35

GEOMETRY – Answers

Angles in circles

Part 3 Angles in a semicircle

1. $a = 50°$
2. $b = 60°$, $c = 30°$
3. $d = 45°$
4. $g = 20°$, $h = 140°$, $i = 40°$, $j = 50°$
5. $e = k = 35°$, $f = 55°$
6. $l = 60°$
7. $m = 20°$
8. $n = 60°$
9. $p = 50°$
10. $q = 65°$, $r = 40°$
11. $s = 145°$
12. $t = 50°$
13. $u = 20°$, $v = 70°$
14. $w = 40°$

Part 4 Angles in cyclic quadrilaterals

1. $a = 130°$, $b = 100°$
2. $c = 85°$, $d = 105°$
3. $e = 110°$, $f = 65°$
4. $g = 130°$, $h = 120°$
5. $i = j = 80°$, $k = 100°$
6. $l = 60°$, $m = n = 90°$
7. $p = q = 90°$
8. $r = 100°$, $s = 80°$, $t = u = 80°$
9. $v = 60°$, $w = 120°$
10. $x = 35°$
11. $y = 80°$, $z = 40°$
12. $m = 95°$

Part 5 Angles between a tangent and a radius

1. $a = 30°$
2. $b = 45°$
3. $c = 140°$
4. $d = f = 55°$, $e = 125°$
5. $f = 35°$
6. $g = 50°$, $h = 25°$
7. $i = 30°$, $j = 60°$
8. $k = 40°$
9. $l = 100°$
10. $m = 20°$
11. $n = 65°$, $p = 115°$
12. $q = 40°$

Part 6 Angles in the opposite segment

1. $a = b = 30°$, $c = 60°$
2. $d = 60°$
3. $e = 75°$
4. $f = 70°$, $g = 50°$, $h = 60°$
5. $h = 25°$, $i = 85°$, $j = 70°$
6. $k = 110°$, $l = 50°$, $m = 20°$
7. $n = q = 75°$, $p = 30°$
8. $r = 80°$, $s = t = 40°$
9. $u = 30°$
10. $v = 75°$
11. $w = 60°$
12. $x = 60°$, $y = 70°$, $z = 50°$

Part 7 A mixture

1. $x = 60°$, $y = 50°$, $z = 70°$
2. $a = b = 20°$, $c = 70°$
3. $m = n = 55°$
4. $x = 60°$, $y = 30°$
5. $x = 35°$, $y = 70°$
6. $m = 50°$, $n = 100°$
7. $w = 80°$
8. $p = q = 40°$, $r = 100°$
9. $a = 105°$, $b = 210°$

GEOMETRY – Answers

Angles in circles

10 $x = 260°$

11 $x = 60°$, $y = 240°$, $z = 120°$

12 $a = 110°$, $b = 220°$, $c = 140°$, $d = e = 70°$

13 $p = 30°$, $q = 90°$

14 $m = 45°$

15 $u = 50°$, $v = 40°$, $w = 10°$

16 $x = 25°$, $y = 65°$

17 $p = r = 60°$, $q = 120°$

18 $x = z = 40°$, $y = 50°$

19 $a = 105°$, $b = c = 75°$

20 $r = 70°$, $s = 110°$

21 $p = 130°$, $q = 115°$, $r = 50°$, $s = 65°$

22 $u = v = 55°$, $w = 75°$, $x = 50°$

23 $s = 220°$

24 $a = 20°$, $b = 70°$, $c = 10°$

25 $m = 60°$, $n = 20°$

26 $x = 20°$, $y = 140°$

27 $p = 135°$

28 $m = 60°$, $n = 150°$

29 $y = 60°$

30 $z = 85°$

31 $y = 90° - x$

32 $y = 180° - x$

33 $y = 2x$

34 $y = x$

35 $y = 180° - x$

36 $y = 90° - x$

37 $y = 180° - x$

38 $y = x$

39 $y = 90° - x$

40 $y = 90° - x$

Trigonometry

Tangents
Cosines
Sines
Sines, cosines and tangents
Pythagoras' theorem
The right-angled triangle

TRIGONOMETRY – Answers

Tangents

Introduction

These results are given to one decimal place.

1   Angle A = 72°

AB (cm)	BC (cm)	How many times longer?
2	6.2	3.1
3	9.2	3.1
4	12.3	3.1
2.5	7.7	3.1
3.5	10.8	3.1

2   Angle A = 64°

AB (cm)	BC (cm)	How many times longer?
2	4.1	2.1
3	6.1	2.1
4	8.2	2.1
2.5	5.1	2.1
3.5	7.2	2.1

3   Angle A = 56°

AB (cm)	BC (cm)	How many times longer?
2	3	1.5
3	4.4	1.5
4	5.9	1.5

4   Angle A = 45°

AB (cm)	BC (cm)	How many times longer?
2	2	1
3	3	1
4	4	1

5   Angle A = 27°

AB (cm)	BC (cm)	How many times longer?
2	1	0.5
3	1.5	0.5
4	2	0.5

6

Angle A	How many times longer BC is than AB or the **tangent** of angle A
72°	3.1
64°	2.1
56°	1.5
45°	1
27°	0.5
0°	0

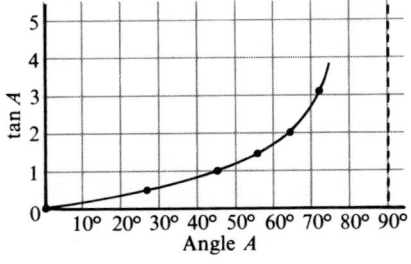

The graph here illustrates the mathematical idea of a 'limit'.

Pupils could be asked what is happening to the triangle as angle A approaches 90°.

TRIGONOMETRY – Answers

Tangents

7 8 cm, 4

8
- a 2.5
- b 3.5
- c 1.5
- d 0.7
- e 0.9
- f 2.75
- g 0.25
- h 0.6
- i 1.73
- j 0.51
- k 2.25
- l 0.65

9
- a 35°
- b 17°
- c 39°
- d 22°
- e 32°
- f 53°
- g 66°
- h 52°
- i 37°
- j 58°
- k 70°
- l 59°

Part 1   Finding an angle

1 78.7°	**2** 63.4°	**3** 79.7°	**4** 48.7°	**5** 55.2°
6 65.1°	**7** 20.6°	**8** 35.5°	**9** 36.9°	**10** 12.7°
11 21.8°	**13** 68.2°		**15** 50.2°	
12 72.6°	**14** 71.1°			

Division by a decimal

16 71.6°	**17** 82.4°	**18** 77.5°	**19** 50.2°
20 24.0°	**21** 33.7°	**22** 28.6°	**23** 72.5°
24 76.4°			
25 21.8°		**28** 76.4°	
26 078°		**29** 32.0°	
27 a 58.4° b 116.8°		**30** 218°	

Division by cancelling

31 52.1°	**32** 60.9°	**33** 60.3°	**34** 83.4°
35 20.6°	**36** 18.4°	**37** 58.4°	**38** 50.7°
39 32.0°		**43** 29.1°	
40 48.4°		**44** 35.5°, 54.5°	
41 ∠X = 71°, ∠Y = ∠Z = 54.5°		**45** a 90° b 29.7° c 075°	
42 54.0°			

Division by logarithms or calculator

46 55.2°	**47** 57.1°	**48** 20.3°	**49** 35.5°
50 58.9°	**51** 49.8°	**52** 21.6°	

Part 2   Finding a side

1 3.61 cm	**2** 8.20 cm	**3** 3.75 cm	**4** 3.90 cm	**5** 20.0 cm
6 1.53 cm	**7** 5.48 cm	**8** 21.6 cm	**9** 10.8 cm	**10** 89.0 cm

TRIGONOMETRY – Answers

Tangents

11	93.2 m		**17**	1.00 km
12	120 m		**18 a** 1.35 km **b** 1350 m	
13	17.1 m		**19**	17 m
14 a 19.8 cm **b** 83 cm²			**20**	$XZ = 8.1$ cm
15	4.2 m			$YZ = 5.1$ cm
16	0.84 m			$XY = 3.0$ cm

21 a 62°, 9.40 cm **b** 58°, 22.4 cm **c** 30.1°, 13.9 cm **d** 40.2°, 5.24 cm

22 642 m

23 a 48° **b** 5.58 cm **24** 3.96 m

Part 3 A mixture

1	60.6°	**2**	66.0°	**3**	2.67 cm	**4**	28.7 cm
5	17.7°	**6**	2.26 m	**7**	25.6°	**8**	1.12 cm

9 36.9°, 14.4 cm **10** 38.4 cm, 58.0°

11 16.8 m

12 50.9 m **20 a** 950 m

13 7.6° **b** 1090 m or 1.09 km

14 9.46° **21 a** 90° **b** 53.1° **c** 076°

15 031° **22 a** 121 m

16 8.0° **b** 13 m

17 315 m **23 a** 71°, 78°

18 17.4 m **b** 305°

19 14.0° **c** 189 m

24 62°, 118°, 62°, 118°

Cosines

Part 1 Finding an angle

1	45.6°	**2**	41.4°	**3**	73.4°	**4**	56.3°
5	58.7°	**6**	54.9°	**7**	31.8°	**8**	46.9°
9	68.0°	**11**	65.4°			**13**	44.4°
10	56.3°	**12**	18.2°			**14**	051°

Division by a decimal

15	73.4°	**16**	63.6°	**17**	54.3°	**18**	43.3°
19	21.0°			**21**	35.1°		
20	32.9°			**22**	74.5°		

Division by cancelling

23	53.1°	**24**	48.2°	**25**	55.2°	**26**	56.3°
27	41.4°	**28**	48.2°	**29**	63.6°	**30**	53.1°
31	75.5°	**33**	053°			**35**	31.0°
32	36.9°	**34**	48.2°			**36**	54.3°

TRIGONOMETRY – Answers

Cosines

Division by logarithms or calculator
37	51.4°	38	73.0°	39	73.8°	40	79.6°
41	66.7°			44	29.1°		
42	035°			45	∠P = 27.0°, ∠Q = ∠R = 76.5°		
43	66.0°			46	37.1°		

Part 2 Finding a side
1	3.0 cm	2	4.7 cm	3	4.8 cm	4	11.7 cm	5	16.8 cm
6	4.38 cm	7	5.97 cm	8	3.76 cm	9	15.1 cm	10	29.7 cm

11	3.99 km	18	11.3 m
12	2.3 km	19	1.66 m
13	9 km	20	a 90° b 35° c 119 km
14	2.69 m	21	$x = 7.69$ cm, $y = 7.39$ cm
15	41.0 m	22	4.03 cm
16	4.88 m	23	3.86 m
17	a 3.89 cm b 7.78 cm	24	10.4 units

Part 3 A mixture
1	68.0°	2	41.4°	3	3.18 cm	4	5.56 cm
5	43.9°	6	34.0°	7	6.54 cm	8	7.35 cm
9	63.6°						
10	2.0 km			15	$x = 6.0$ cm	17	$QT = 22.5$ m
11	10.3 m				$y = 5.2$ cm		$QU = 29.7$ m
12	23.1°						$TU = 7.2$ m
13	48.2°			16	$AC = 9.84$ cm	18	48.2°
14	159 m				$BC = 5.45$ cm	19	67.4°
					$AB = 4.39$ cm	20	60°

Sines

Part 1 Finding an angle
1	44.4°	2	38.7°	3	51.1°	4	48.6°
5	34.5°	6	46.5°	7	27.8°	8	54.3°
9	62.7°			12	25.9°		
10	16.6°			13	9.0°		
11	24.6°			14	46.1°		

Division by a decimal
15	38.7°	16	25.4°	17	24.6°	18	46.7°
19	26.4°			21	7.66°		
20	22°			22	35.7°		

TRIGONOMETRY – Answers

Sines

Division by cancelling

23 30.0°	24 34.8°	25 48.6°	26 56.4°
27 41.8°	28 26.4°	29 34.8°	30 56.4°
31 14.5°		34 a 23.6° b 47.2°	
32 53.1°		35 43.4°	
33 12.8°		36 063°	

Division by logarithms or a calculator

37 39.9°   38 41.2°   39 59.0°   40 29.2°
41 44.0°
42 a 67.0°
    b 134°, 134°, 46°, 46°   44 3.18°
43 34.7°   45 19°
                                    46 038°

Part 2 Finding a side

1 4.0 cm   2 4.7 cm   3 4.8 cm   4 4.2 cm
5 26.6 cm   6 7.07 cm   7 2.67 cm   8 2.7 cm
9 12.1 cm   10 39.1 cm

11 30.1 m   21 11.1 cm
12 4.44 m   22 a 75°   b 3.86 cm   c 7.72 cm
13 14.8 m
14 a 0.305 km   b 305 m   23 a 2.04 m
15 1.84 km   b ∠SPX = 58°
16 BM = 22.8 cm   ∠QPX = 32°
    BC = 45.6 cm   c 0.69 m
17 8.9 cm   d 2.73 m
18 10.8 cm   24 a 72°
19 1.11 m   b 36°
20 x = 4.79 cm   c 5.88 cm
    y = 1.64 cm

Part 3 A mixture

1 33.7°   2 28.7°   3 1.67 cm   4 3.06 cm
5 38.1°   6 34.1°   7 2.61 cm   8 4.77 cm

9 28.4°   13 37.7°   18 56.4°
10 ∠POM = 53.1°   14 18.5°   19 45.3°
    ∠POQ = 106.2°   15 23.6°   20 a 30°
11 0.827 m   16 12 units   b 60°
12 60°, 13 cm   17 6.88 cm   c 4.76 cm

TRIGONOMETRY – Answers

Sines, cosines and tangents

Part 1 Finding an angle

1. 14.0°
2. 14.5°
3. 33.6°
4. 61.0°
5. 36.9°
6. 56.3°
7. 48.2°
8. 30.0°
9. 21.8°
10. 18.4°
11. 34.8°
12. 44.4°
13. a 53.1°   b 36.9°
14. 6.9°
15. 2.3°
16. 23.6°
17. 68.0°
18. 77.2°
19. 38.7°
20. 77.4° or 102.6°
21. 48.2°
22. a 63.4°   b 26.6°
23. 35.7°
24. 20.6°
25. 049°
26. 38.7°

Part 2 Finding a side

1. 1.02 cm
2. 1.94 cm
3. 4.33 cm
4. 4.17 cm
5. 9.2 cm
6. 7.71 cm
7. 38.4 cm
8. 18.0 cm
9. 4.1 cm
10. 7.52 cm
11. 2.91 cm
12. 7.14 cm
13. 7 m
14. 31.7 m
15. a 45°   b 17.7 cm
16. a 12.2 cm   b 6.79 cm
17. a 1.23 km   b 0.86 km
18. 19.3 km
19. 2.56 cm
20. 4.76 cm
21. 2.66 m
22. 28.2 cm
23. 15.19 m
24. 14.4 m
25. 17.2 m
26. a $\alpha = 60°$ b 5 cm

Part 3 Finding a hypotenuse

1. 8 cm
2. 2 cm
3. 3 cm
4. 7 cm
5. 11.5 cm
6. 12.5 cm
7. 9.6 cm
8. 7.14 cm
9. 12.4 m
10. 6.0 m
11. 2.5 m
12. 1.75 m
13. a 13.0 cm   b 10.4 cm
    c 10.1 cm   d 47.6 cm
    e 36.8 cm   f 50.0 cm
    g 32.4 cm   h 16.3 cm
14. 41 m
15. 800 m
16. 30 cm
17. a 45°   b 11.3 cm
18. $p = 3$ cm, $q = 3.45$ cm
19. a 11.1 cm   b 21.1°
    c 11.9 cm
20. a 20.9°   b 69.1°
    c 138.2°   d 7.49 cm
    e 2.67 cm   f 18.7 cm^2
    g 176 cm^2 h 67.6 cm^2
    i 48.9 cm^2

TRIGONOMETRY – Answers

Pythagoras' theorem

Pythagoras, a mathematician, musician and religious philosopher, left his birthplace, the Greek isle of Samos, about 530 B.C. for the city of Croton in southern Italy where his teachings attracted a large number of followers. About 500 B.C. a revolt caused him to take refuge at Metapontum where he died.

Amongst other things, he taught that the souls of the dead might reappear not only in humans but also in animals. He was one of the first to put forward the theories that the earth was a sphere revolving around a central fire, and that it made music as it rotated.

Part 1 Illustrating the theorem

1

Diagram	The number of tiles inside		
	one small square X	the other small square Y	the large square Z
A	2	2	4
B	8	8	16
C	18	18	36
D	4	4	8
E	16	16	32
F	32	32	64

$X + Y = Z$

5 **By accurate drawing**

	a	b	c	Area of X a^2	Area of Y b^2	Area of Z c^2	$a^2 + b^2$
1st triangle	3	4	5	9	16	25	25
2nd triangle	2	3	3.6	4	9	13	13
3rd triangle	4	5	6.4	16	25	41	41
4th triangle	2	5	5.4	4	25	29.2	29
5th triangle	3.5	4	5.3	12.25	16	28.1	28.25
6th triangle	2.5	5.5	6.0	6.25	30.25	36	36.5

where c is given to the nearest millimetre.

6 **Testing to see if a triangle is right-angled**

	Sides			Area of squares			$a^2 + b^2$	Is angle θ a right angle?
	a	b	c	a^2	b^2	c^2		
a	3	4	5	9	16	25	25	Yes
b	4	5	6	16	25	36	41	No
c	2	3	4	4	9	16	13	No
d	6	8	10	36	64	100	100	Yes
e	5	6	7	25	36	49	61	No
f	5	9	10	25	81	100	106	No
g	5	12	13	25	144	169	169	Yes
h	4	8	10	16	64	100	80	No
i	9	12	15	81	144	225	225	Yes
j	7	24	25	49	576	625	625	Yes
k	8	15	17	64	225	289	289	Yes
l	14	48	50	196	2304	2500	2500	Yes

45

TRIGONOMETRY – Answers

Pythagoras' theorem

Brighter pupils, after studying the Cosine Rule
$$c^2 = a^2 + b^2 - 2ab \cos \theta$$
could be reminded of this problem, where it is seen that the term $-2ab \cos \theta$ is negative, zero or positive as θ is acute, right or obtuse, hence making c^2 less than, equal to or greater than $a^2 + b^2$.

7

	Sides			Areas of squares			$a^2 + b^2$	What type of angle is θ?
	a	b	c	a^2	b^2	c^2		
a	2	3	4	4	9	16	13	Obtuse
b	3	4	5	9	16	25	25	Right
c	1	2	3	1	4	9	5	Obtuse
d	3	5	6	9	25	36	34	Obtuse
e	3	3	4	9	9	16	18	Acute
f	6	8	10	36	64	100	100	Right
g	5	7	8	25	49	64	74	Acute
h	6	9	12	36	81	144	117	Obtuse
i	7	8	9	49	64	81	113	Acute
j	10	15	21	100	225	441	325	Obtuse
k	9	40	41	81	1600	1681	1681	Right
l	11	22	24	121	484	576	605	Acute

Part 2 Using square- and square-root tables

1. 5.52 cm
2. 3.09 cm
3. 5.2 cm
4. 4 cm
5. 8 cm
6. 2 cm
7. 6 cm
8. 8.1 cm
9. 9.6 cm
10. 3.43 cm
11. 2.44 cm
12. 6.59 cm
13. 5.6 m
14. 2.4 km
15. 5.18 m
16. 9.73 m
17. a 8.35 m   b 7.01 m
18. 6.97 cm
19. 8.66 cm
20. 8.32 cm
21. 14.9 cm
22. 9.54 cm
23. 9.32 km
24. 9.83 km
25. 8.31 km
26. 3.51 cm
27. 5.41 m
28. 7.79 cm
29. 11.1 m
30. 4.6 cm
31. $a = 4.07$ cm
    $b = 7.02$ cm
    18.9 cm^2
32. $x = 4.3$ cm
    $y = 3.08$ cm
    7.08 cm^2

Part 3 Involving numbers greater than 100

1. 11.5 cm
2. 10.7 cm
3. 10.6 cm
4. 12.2 cm
5. 11.9 cm
6. 10.7 cm
7. 12.5 cm
8. 12.4 cm
9. 10.7 km
10. 11.4 m
11. 11.5 cm
12. 12.4 cm
13. 12.9 m
14. 11.6 cm
15. 12.4 units
16. 16.6 cm
17. 16.2 cm
18. 25.7 cm
19. 26.4 cm
20. 30.7 cm
21. 14.5 cm
22. 23.3 cm
23. 17.6 cm

TRIGONOMETRY – Answers

Pythagoras' theorem

24 a 33.5 cm
    b 46.6 cm
    c 40 cm
    d 41.4 cm
    e 41.6 cm
    f 70.1 cm
    g 39.3 cm
    h 86 cm

25 50.6 km
26 a 16.9 cm   b 123 cm^2
27 24.4 cm
28 17.7 cm
29 9.81 cm
30 17.1 cm

Part 4 Further problems

1 a $x = 5.69$ cm   b $x = 6.19$ cm   c $x = 4.2$ cm
     $y = 6.39$ cm $y = 9.65$ cm $y = 8.68$ cm
   d $x = 7.34$ cm   e $x = 6.21$ cm   f $x = 8.47$ cm
     $y = 6.02$ cm $y = 4.53$ cm $y = 6.72$ cm

2 a $x = 10.9$ cm   b $x = 10.9$ cm   c $x = 10.8$ cm   d $x = 10.4$ cm
     $y = 12.6$ cm $y = 11.9$ cm $y = 9.67$ cm $y = 12.2$ cm
   e $x = 10.5$ cm   f $x = 11.4$ cm   g $x = 8.95$ cm
     $y = 12.2$ cm $y = 16.6$ cm $y = 17.9$ cm

3 $m = 6.46$ cm $+ 4.10$ cm $\simeq 10.6$ cm $n = 6.59$ cm $- 3.35$ cm $= 3.24$ cm

4 $BD = 10.6$ cm, $AD = 6.81$ cm   5 $QR = 15.8$ cm, $PS = 30.3$ cm

7 $AC = \sqrt{25} = 5$ cm
   $AB = \sqrt{5} = 2.24$ cm
   $BC = \sqrt{20} = 4.47$ cm
   $2.24^2 + 4.47^2 = 5^2$

8 4.24 cm, 0.62 cm
9 a 8.4 m   b 13.1 m
10 a 2.34 km
   b 3 km
   c 3.35 km
11 a $BP = 4.73$ km
     $BQ = 6.74$ km
   b 7.38 km
12 a 4.99 m
   b 9.7 m
   c 10.9 m
13 a 3.86 m
   b 4.6 m
14 a 17 m
   b 18.8 m
15 a 15.6 m
   b 7.8 m
   c 16.9 m
16 a $AC = 5$ cm   b $AC = 7.16$ cm   c $AC = 12.8$ cm
     $AG = 5.39$ cm $AG = 8.46$ cm $AG = 13.9$ cm
17 9.82 cm
18 11.3 cm

19 a 8.5 cm
   b 9.7 cm
   c 10.7 cm
20 a 11.3 cm   b 12.4 cm
   c 19.5 cm^2
   d 164 cm^3
   e 222 cm^2
21 a 7.78 cm
   b 3.89 cm
   c 9.35 cm
22 a 11.8 cm
   b 5.9 cm
   c 5.4 cm
   d 123 cm^3
23 a 4.6 cm
   b Equilateral
24 a $DC = 6.01$ cm, $AB = 6.48$ cm
   b Isosceles
     7.75 cm   6.01 cm, 7.75 cm
   c 7.14 cm, 21.4 cm^2
   d 58 cm^2

TRIGONOMETRY – Answers

Pythagoras' theorem

Part 5 Pythagorean triples

1

A	B	C	X	Print out		
3	4	5	5	3	4	5
5	12	13	7	5	12	13
7	24	25	9	7	24	25
9	40	41	11	9	40	41
11	60	61		11	60	61

One way to stop the loop within the program is to insert an extra line
    15 FOR I = 1 to n
where n is the number of triples required, and alter line 70 to
    70 NEXT I.

This program, written for the RM380Z, can be used to obtain the answers for the following question, tabulated as required.

By altering the upper limits on U and V on lines 220 and 180, further triples can be obtained.

```
10 REM PYTHAGOREAN TRIPLES
20 PRINT CHR$(12)
30 PRINT TAB(6);"PYTHAGOREAN TRIPLES (A,B,C)"
40 PRINT:PRINT
50 PRINT TAB(9);
60 FOR K=1 TO 10
70 PRINT"-";
80 NEXT K
90 PRINT
100 PRINT"U";TAB(5);"V";TAB(9);"A";TAB(13);"B";TAB(17);"C";
110 PRINT TAB(21);"A^2";TAB(28);"B^2";TAB(34);"C^2"
120 FOR K=1 TO 40
130 PRINT"-";
140 NEXT K
150 PRINT:PRINT
160 U=2
170 U1=U
180 FOR V=1 TO 4
190 A=U^2-V^2
200 B=2*U*V
210 C=U^2+V^2
220 IF U=8 THEN 300
230 PRINT U;TAB(4);V;TAB(8);INT(A);TAB(12);INT(B);TAB(16);INT(C);
240 PRINT TAB(20);INT(A^2);TAB(27);INT(B^2);TAB(33);INT(C^2)
250 U=U+1
260 NEXT V
270 U1=U1+2
280 U=U1
290 GOTO180
300 PRINT TAB(9);
310 FOR K=1 TO 10
320 PRINT"-";
330 NEXT K
340 END
```

TRIGONOMETRY – Answers

Pythagoras' theorem

2

	U	V	A	B	C	A^2	B^2	$A^2 + B^2$	C^2
a	2	1	3	4	5	9	16	25	25
b	3	2	5	12	13	25	144	169	169
c	4	3	7	24	25	49	576	625	625
d	5	4	9	40	41	81	1600	1681	1681
e	4	1	15	8	17	225	64	289	289
f	5	2	21	20	29	441	400	841	841
g	6	3	27	36	45	729	1296	2025	2025
h	7	4	33	56	65	1089	3136	4225	4225
i	6	1	35	12	37	1225	144	1369	1369
j	7	2	45	28	53	2025	784	2809	2809

    k A, B and C are all even, and hence multiples of other triples.
    l A, B and C are all even, and hence multiples of other triples.

3
- **a** (3, 4, 5)
- **b** (5, 12, 13)
- **c** (3, 4, 5)
- **d** neither
- **e** (3, 4, 5)
- **f** (5, 12, 13)
- **g** neither
- **h** neither
- **i** (3, 4, 5)
- **j** (3, 4, 5)
- **k** neither
- **l** (5, 12, 13)
- **m** (3, 4, 5)
- **n** (5, 12, 13)
- **o** (3, 4, 5)
- **p** (3, 4, 5)

The right-angled triangle

1
- **a** $\alpha = 32.0°$
- **b** $\beta = 41.8°$
- **c** $x = 4.24$ cm
- **d** $y = 1.75$ cm
- **e** $z = 10$ cm
- **f** $\alpha = 23.1°$
- **g** $\beta = 38.1°$
- **h** $x = 4.47$ cm

2
- **a** $a = 6.14$ cm
  $b = 6.58$ cm
- **b** $c = 5.47$ cm
  $\alpha = 52°$
- **c** $e = 1.61$ cm
  $f = 4.2$ cm
- **d** $g = 6.06$ cm
- **e** $h = 10$ cm
  $\alpha = 36.9°$
  $\beta = 53.1°$
- **f** $k = 3.5$ cm
  $l = 6.1$ cm
- **g** $n = 4.76$ cm
  $p = 5.67$ cm
  $\theta = 40°$
- **h** $\alpha = 37.9°$
  $\beta = 52.1°$
  $q = 5.7$ cm
- **i** $\alpha = 32°$
  $u = 1.44$ cm
  $v = 2.71$ cm
- **j** $l = 5.47$ cm
  $m = 3.66$ cm
- **k** $\alpha = 36.9°$
  $\beta = 36.9°$
  $y = 12$ cm
  $z = 11.3$ cm
- **l** $\alpha = 60°$
  $\beta = 60°$
  $\gamma = 30°$
  $p = 6$ cm
  $q = 3$ cm

3 19.5°
4 36.9°
5 0.418 km
6 7.81 km
7 16.6°
8 15.5°
9 8.49 cm
10 **a** 7.42 cm **b** 68°
11 **a** 7.74 km **b** 054°
12 **a** 4.8 cm **b** 26.4 cm²
13 **a** 8.93 cm **b** 53.5°
14 19.3 cm
15 12 m

TRIGONOMETRY – Answers

The right-angled triangle

16 a 6.45 cm
    b 20.6 cm^2 c 63.6°, 63.6°, 52.8°

17 a 7.24 cm   b 29.7 cm^2

18 7.6 cm

19 a 17.9 cm   b 26.6°

20 a 4.33 cm
    b 3.46 cm
    c 5.04 cm

21 5.66 cm

22 81.5°

23 a 100 m
    b 40 m
    c 21.8°

24 a 500 m
    b 150 m
    c 16.7°

25 a 5, 78.7°   b 4, 76°
    c 3, 71.6°   d 2, 63.4°
    e 1, 45°   f $\frac{1}{2}$, 26.6°

26 a $\sqrt{13}$ = 3.61 units   b $\sqrt{17}$ = 4.12 units
    c $\sqrt{18}$ = 4.24 units   d $\sqrt{40}$ = 6.32 units
    e $\sqrt{25}$ = 5 units   f $\sqrt{58}$ = 7.62 units

27 a 5 units, 53.1°   b 10 units, 36.9°
    c 8.54 units, 69.4°   d 6.4 units, −51.3°
    e 9.43 units, −58°   f 10.8 units, −33.7°

28 a 57.2°
    b 7.04 cm
    c 10.9 cm

29 ∠SRP = 38.7°
    SQ = 3.13 cm
    PQ = 2.5 cm
    RQ = 3.9 cm

30 α = 33.7°
    x = 3.33 cm
    y = 2.22 cm

31 AC = 6.36 cm
    ACEF = 40.5 cm^2

32 a 14.1 m
    b 38.7°
    c 29.6°

33 a 5.66 cm
    b 4 cm
    c 45°

34 7.18°

35 a 41.8°
    b 10.1 cm

Further Topics

Bearings
Latitude and longitude
Introducing three dimensions
Cuboids, wedges and pyramids
Surveying

FURTHER TOPICS — Answers

Bearings

Part 1
1. 5 miles
2. 10 miles
3. 4.47 miles
4. 9.7 km
5. a 9.43 km
   b 032°
6. a 8.06 km
   b 060°
7. a 8.49 km
   b 058°
8. a 4.88 km
   b 145°
9. a 10.8 km
   b 138°
10. 219°
11. 318°
12. 336°
13. a 7.09 miles   b 5.54 miles
14. a 27.5 miles   b 24.8 miles
15. a 10.4 miles   b 6 miles
16. a 6.14 km   b 4.3 km
17. a 26.8 km   b 29.7 km
18. a 29.8 km   b 42.6 km

Part 2
1. a 90°   b 10 km
2. a 90°   b 8.6 km
3. a 90°   b 9.9 km
4. a 90°
   b 4.77 km
5. a 90°   b 5.54 km
6. a 90°   b 7.68 miles
7. a 90°   b 9.37 km
8. a 90°   b 7.17 km
9. a 90°   b 61°
   c 041°
10. a 90°   b 58°
    c 053°
11. a 90°   b 35°
    c 065°
12. a 90°   b 32°
    c 107°
13. a 90°   b 70°   c 16.5 km
14. a 90°   b 60°   c 5.2 km
    d 6 km
15. a 90°   b 15°
    c 11.6 km   d 3.11 km
16. a 90°   b 68°   c 147°
17. a 90°   b 36.9°
    c 032°
    d 5 miles
18. a 90°   b 115°
    c 29.7°
    d 025°
    e 24.2 km

FURTHER TOPICS – Answers

Bearings

Part 3

1. a 3.83 km   b 3.21 km
   c 5.54 km   d 3.21 km   e 9.37 km
2. a 6.8 km   b 3.17 km
   c 2.64 km   d 3.17 km   e 9.44 km
3. a 3.01 km   b 3.99 km
   c 3 km   d 5.2 km
   e North, 9.19 km
4. a 2.11 km
   b 4.53 km
   c 6.64 km
   d 4.53 km
   e 2.11 km
   f 6.64 km
   g 9.39 km
5. a 150 km
   b 246 km
   c 260 km
   d 145 km
   e 286 km
   f $2\frac{1}{4}$ h
   g 1.42 h ≃ 1 h 25 min
6. a 123 km
   b 220 km
   c 86 km
   d 60 km
   e 228 km
   f $12\frac{1}{2}$ h
   g 1.1 h = 1 h 6 min

7. a 30.8 km
   b 39.4 km
   c 69.2 km
   d 79.6 km
   e 150°
   f The one from B.
   g 6 min, 796 km/h
8. b 8.56 km
   c 2.89 km
   d 9.03 km

Latitude and longitude

Part 1

1. a C, D
   b A, B, E
2. a yes
   b North Pole, South Pole
   c the Greenwich meridian
   d no
   e no
   f one
   g the Equator
   h They are the same.
   i the North Pole
   j the South Pole
   k the Equator
   l the International Date Line

3. a 150°W   b 130°W
   c 90°W   d 40°W
   e 160°E   f 120°E
   g 80°E   h 10°E
   i 100°W   j 175°W
   k 155°E   l 0°
                      the Greenwich meridian
4. a R, U
   b Z, X
   c U, V, T
   d R, S
5. a C, E
   b A, F
   c B, D

53

FURTHER TOPICS – Answers

Latitude and longitude

6 a (60°N 30°E) b (40°N 90°E) c (30°S 30°E)
   d (20°S 140°E) e (30°N 90°W) f (60°N 140°W)
   g (55°S 60°W) h (75°N 20°E) i (10°S 40°W)
   j (20°S 175°E) k (20°S 175°W) l (5°N 0°)
   m (0° 35°E) n (0° 90°W) o (20°N 155°W)
   p (80°S 160°E) q (10°S 140°W) r (70°N 180°E)
   or (70°N 180°W)

7 a 1 b 3 c 2 d 6
   e 5 f 4 g 9 h 8
   i 7 j 12 k 11 l 10

8 a 2 b 6
   c 7 d 4
   e 10 f 3
   g 9 h 1
   i 5 j 11
   k 12 l 8

11 a (50°N 20°E)
   b (50°N 30°W)
   c (40°S 90°E)
   d (10°S 100°W)
   e (10°N 30°E)
   f (20°S 70°E)
   g (40°S 20°W)
   h (50°N 30°W)
   i (70°S 140°E)
   j (70°N 130°W)
   k (50°N 90°E)
   l (0° 80°E)
   m (0° 30°W)
   n (0° 10°E)
   o (10°N 80°W)
   p (10°S 120°E)
   q (0° 180°W)
   r (0° 170°W)
   s (10°N 170°E)
   t (20°S 160°W)

12 a (50°N 60°E)
   b (60°S 130°E)
   c (40°N 100°W)
   d (20°S 160°W)
   e (20°N 30°E)
   f (60°N 10°W)
   g (70°S 20°E)
   h (70°S 40°W)
   i (40°N 120°E)
   j (30°S 160°W)
   k (60°N 180°E)
   or (60°N 180°W)
   l (10°N 170°E)

13 a (40°S 150°W) b (70°S 120°W)
   c (70°S 80°W) d (30°N 60°W)
   e (50°N 170°E) f (20°N 100°E)
   g (75°N 20°E) h (35°S 35°W)

14 b 41°
15 b 36°
16 c 46°
17 c 23°
18 c 75°
19 d 82°
20 a 0°
21 d 35°
22 c 13°
23 d
24 a
25 c
26 c
27 b
28 c
29 b
30 a

54

FURTHER TOPICS – Answers

Latitude and longitude

Part 2 Great circles

This program can be used to find the distance along a Great Circle between any two points on the Earth's surface.

```
10 REM DISTANCES ALONG GREAT CIRCLES
20 CLEAR 200
30 PRINT CHR$(12):REM CLEARS SCREEN
40 PRINT"Give the latitude of the first point."
50 PRINT:INPUT"   Is it on the equator (Y/N)";Z$
60 IF LEFT$(Z$,1)="Y" THEN 110
70 PRINT:INPUT"   Is it NORTH or SOUTH (N/S)";A$
80 PRINT:INPUT"   How many degrees ";D1
90 PRINT:INPUT"   How many minutes ";M1
100 PRINT:PRINT"Give the longitude of the first point."
110 PRINT:PRINT"   Is it on the Greenwich Meridian"
120 INPUT"   (Y/N)";Z$
130 IF LEFT$(Z$,1)="Y" THEN 170
140 PRINT:INPUT"   Is it EAST or WEST (E/W)";B$
150 PRINT:INPUT"   How many degrees ";E1
160 PRINT:INPUT"   How many minutes ";N1
170 PRINT CHR$(12):REM CLEARS SCREEN
180 PRINT"Give the latitude of the second point."
190 PRINT:INPUT"   Is it on the equator (Y/N)";Z$
200 IF LEFT$(Z$,1)="Y" THEN 240
210 PRINT:INPUT"   Is it NORTH or SOUTH (N/S)";C$
220 PRINT:INPUT"   How many degrees ";D2
230 PRINT:INPUT"   How many minutes ";M2
240 PRINT:PRINT"Give the longitude of the second point."
250 PRINT:PRINT"   Is it on the Greenwich Meridian"
260 INPUT"   (Y/N)";Z$
270 IF LEFT$(Z$,1)="Y" THEN 310
280 PRINT:INPUT"   Is it EAST or WEST (E/W)";D$
290 PRINT:INPUT"   How many degrees ";E2
300 PRINT:INPUT"   How many minutes ";N2
310 PRINT CHR$(12):REM CLEARS SCREEN
320 L1=(D1+M1/60)*3.1416/180
330 G1=(E1+N1/60)*3.1416/180
340 L2=(D2+M2/60)*3.1416/180
350 G2=(E2+N2/60)*3.1416/180
360 REM TAKE SOUTH AND WEST AS NEGATIVE
370 IF LEFT$(A$,1)="S" THEN L1=-L1
380 IF LEFT$(B$,1)="W" THEN G1=-G1
390 IF LEFT$(C$,1)="S" THEN L2=-L2
400 IF LEFT$(D$,1)="W" THEN G2=-G2
410 X=COS(L1)*COS(L2)*COS(ABS(G1-G2)) + SIN(L1)*SIN(L2)
420 IF X=0 THEN A=90
430 IF X=0 THEN GOTO 490
440 IF X*X>1 AND X>0 THEN A=0
450 IF X*X>1 AND X<0 THEN A=180
460 IF X*X>1 THEN 490
470 A=ATN(SQR(1-X*X)/X)*180/3.1416
480 IF A<0 THEN A=180+A
490 NM=A*60
500 KM=A*2*3.1416*6370/360
510 PRINT"The shortest distance between"
520 PRINT:PRINT"the point ";D1;M1;A$;"   ";E1;N1;B$
530 PRINT"and"
540 PRINT"the point ";D2;M2;C$;"   ";E2;N2;D$
550 PRINT:PRINT"is   ";INT(NM+0.5);"nautical miles"
560 PRINT:PRINT"or   ";INT(KM+0.5);"kilometres"
570 END
```

FURTHER TOPICS – Answers

Latitude and longitude

1.
   a. 2560 km
   b. 1330 km
   c. 6330 km
   d. 6450 km
   e. 12 900 km
   f. 889 km
   g. 2220 km
   h. 5110 km
   i. 6560 km
   j. 7890 km
   k. 3780 km
   l. 3330 km
   m. 2560 km
   n. 10 300 km

2. a. 800 km b. 4 h
3. a. 500 km b. 2 h
4. a. 2000 km b. 4 h
5. a. 10 700 km b. $53\frac{1}{2}$ days
6. 4280 km

Part 3 Small circles

1. a. 5990 km b. 3740 km c. 2390 km
2.
   a. 6280 km
   b. 8000 km
   c. 442 km
   d. 1570 km
   e. 2490 km
   f. 6710 km
   g. 445 km
   h. 5540 km
   i. 3390 km
   j. 2260 km
   k. 445 km
   l. 231 km
3. 9620 km
4. a. 19 200 km b. 13 700 km

5. a. 12 800 km
   b. 10 700 km
6. a. (i)
   b. (ii), (iii)
   c. (i)
   d. 15 100 km
   e. 10 900 km

Part 4 Nautical miles

1.
   a. 240 n.m.
   b. 720 n.m.
   c. 900 n.m.
   d. 960 n.m.
   e. 1620 n.m.
   f. 1500 n.m.
   g. 300 n.m.
   h. 3000 n.m.
   i. 1680 n.m.
   j. 900 n.m.
   k. 2880 n.m.
   l. 540 n.m.
2. a. 240 n.m. b. 12 h
3. a. 540 n.m. b. 45 h
4. a. 360 n.m. b. 20 h
5. a. 1080 n.m. b. 20 knots
6. a. 960 n.m.
   b. 24 knots
7. a. 480 n.m.
   b. 48 h
8. a. 300 n.m. b. 15 knots
9. a. 1440 n.m.
   b. 12 knots

10.
    a. 564 n.m.
    b. 368 n.m.
    c. 1740 n.m.
    d. 360 n.m.
    e. 542 n.m.
    f. 419 n.m.
    g. 772 n.m.
    h. 2240 n.m.
11. a. 804 n.m. b. 40.2 h
12. a. 1929 n.m.
    b. 128.6 h $\simeq$ 5 days 9 h
13. a. 10 800 n.m.
    b. 450 h = 18 days 18 h
14. a. 1883 n.m.
    b. 4.7 h
15. 319 h = 13 days 7 h
16. 144 h = 6 days
17. a. (18°S 32°E)
    b. (54°N 102°E)
    c. (13°N 81°E)
    d. (0° 19°E)
18. 2310 n.m.

FURTHER TOPICS – Answers

Introducing three dimensions

Where pupils have difficulty visualising in three dimensions, models of cardboard or straws and pipe-cleaners may help them.

Part 1 Angles between two lines

1 a intersect   b parallel
   c skew   d parallel
   e intersect   f skew
   g intersect   h parallel
   i skew

2 a intersect   b skew
   c parallel   d skew
   e intersect   f skew

3 a parallel   b parallel
   c intersect   d skew
   e parallel   f intersect
   g intersect   h parallel
   i skew   j skew

4 a parallel   b intersect
   c skew   d intersect
   e skew   f parallel
   g intersect   h skew
   i skew   j intersect

5 a intersect   b parallel
   c skew   d parallel
   e skew   f intersect
   g intersect   h parallel
   i skew   j skew

6 a 90°   b 90°
   c 90°   d 0°
   e 0°   f 90°
   g 90°   h 0°
   i 90°   j 90°

7 a 90°   b 0°
   c 90°   d 90°
   e 45°   f 45°
   g 45°   h 45°
   i 0°   j 90°

8 a 90°   b 45°
   c 45°   d 0°
   e 90°   f 90°
   g 90°   h 90°
   i 45°   j 45°

9 a ∠LMB   b ∠LMB
   c ∠MBC   d ∠MBC
   e ∠ABM   f ∠ABM
   g ∠BMC   h ∠BMC

10 a ∠WXY   b ∠TYX
   c ∠UYV   d ∠UVY
   e ∠SUT   f ∠SUV
   g ∠VSU   h ∠UTY
   i ∠VUY   j ∠TYV
      or ∠STX

11 a ∠SPV   b ∠PQV
   c ∠QRS   d ∠PVQ
   e ∠VQR   f ∠VQP
   g ∠PVR   h ∠VSR

12 a ∠KLM   b ∠KLY
   c ∠ZKN   d ∠KZN
                      or ∠LYM
   e ∠ZNK   f ∠KLY
      or ∠YML
   g ∠KLM   h ∠KZY
      or ∠NML
   i 90°   j 90°
   k 0°   l neither
   m 90°   n 90°
   o neither   p 90°

13 a ∠PRQ, ∠SUT
   b ∠QPR, ∠TSU
   c QT, RU
   d PS, QT, RU
   e ST, TU, QT

14 a 3
   b 4
   c 8

15 a (i) 90°   (ii) 90°
      (iii) 90°
   b 5 cm
   c (i) 36.9°   (ii) 53.1°
      (iii) 90°   (iv) 63.5°

16 a 10 cm
   b (i) 90°   (ii) 90°
      (iii) 90°   (iv) 90°
      (v) 90°
   c (i) 36.9°   (ii) 56.3°
      (iii) 39.8° (iv) 33.7°

57

FURTHER TOPICS – Answers

Introducing three dimensions

17   **a**   13 cm
      b   (i) 90°   (ii) 90°
           (iii) 90°   (iv) 0°
           (v) 90°
     c   (i) 22.6°   (ii) 67.4°
           (iii) 24.8°   (iv) 65.2°
           (v) 65.2°

18   **a**   (i) 90°   (ii) 90°
     b   (i) 10 cm   (ii) 5 cm   (iii) 13 cm
     c   (i) 53.1°   (ii) 67.4°
     d   (i) 90°   (ii) 72.1°
     e   72.1°

Part 2 Angles between lines and planes

1   **a**   parallel
     b   parallel
     c   intersects
     d   parallel
     e   intersects
     f   lies in
     g   parallel
     h   intersects
     i   parallel
     j   lies in

2   **a**   parallel   **b**   intersects   **c**   intersects
     d   lies in   **e**   lies in   **f**   lies in

3   **a** BA **b** CA **c** DA

4   **a** XP **b** XQ **c** XR
     d XS

5   **a** DE **8**   **a**   0°   **b**   0°
     b CF **c**   0°   **d**   90°
     c DC **e**   90°   **f**   0°
     d AD **g**   90°   **h**   0°
     e BC **i**   90°   **j**   0°
     f DC **k**   0°   **l**   90°
                                              m E **n** G **o** B
6   **a** OQ **p** G **q** E **r** B
     b PX **s** EH **t** EH **u** GH
     c PY **v** EG **w** FG **x** BC

7   **a** BD **9**   **a** $\angle TQP$ **b** $\angle VQR$
     b FA **c** $\angle WQS$ **d** $\angle QVR$
     c FC **e** $\angle QVU$ **f** $\angle QTU$
     d GD **g** $\angle SQR$ **h** $\angle WQV$
                                              i $\angle SQP$ **j** $\angle WQT$

FURTHER TOPICS – Answers

Introducing three dimensions

10 a ∠VBA b ∠VDA
   c ∠VCA d ∠DVA
   e ∠CVD f ∠CVB

11 a ∠VWO b ∠VZO
   c ∠VNO d ∠WVO
   e ∠ZVO f ∠YVO
   g ∠VMO h ∠MVO

12 a 5 cm
   b 50.2°
   c 56.3°
   d 36.9°

13 68.2°

14 a 51.3°
   b 68.2°

15 a 10 cm, 5 cm
   b 60°
   c 60°
   d 9.54 cm
   e 65.2°
   f 17.5°

16 a 38.7°
   b 51.3°
   c 26.6°
   d 63.4°
   e 63.4°
   f 63.4°

Part 3 Angles between two planes

1 40°
2 50°
3 25°
4 100°
5 a 70° b 55° c 75°
6 110°
7 120°
8 110°
9 120°
10 b ∠CMO
11 b ∠CXO
12 a 90°   b 90°
   c 0°   d 0°
   e 45°   f 45°
   g 90°   h 45°
   i 90°   j 90°
13 a 90°   b 45°
   c 0°   d 90°
   e 90°   f 45°
   g 90°   h 45°
   i 45°   j 90°
14 a ∠WPS or ∠VQR
   b ∠QVU or ∠PWT
   c ∠QUM or ∠PTN
   d ∠UMQ or ∠PNT
   e ∠PSW or ∠QRV
   f ∠ULQ and others

15 a ∠VLO   b ∠VMO
   c ∠VNO   d ∠LOM
   e ∠LVO   f ∠MVN
16 a 33.7° b 53.1°
   c 19.4° d 36.9°
   e 56.3°
17 a isosceles
   b 67.4°
   c 67.4°
   d MN
   e 45.2° or 134.8°
18 73.3°
19 a 7.1 cm, 3.6 cm
   b 75.6°
20 a 51.3°
   b 59°
21 b 53.1°
   c 45°
   d 90°
   e 73.8°

FURTHER TOPICS – Answers

Cuboids, wedges and pyramids

Part 1

1. a 26.6°   b 33.7°   c 5 cm
      63.4°   56.3°   21.8°
2. a 10 cm, 5 cm
   b 67.4°
   c 50.2°
3. a 90°   b 45°
   c 45°   d 90°
   e 58°   f 58°
4. a 32°
   b 32°
   c 64° or 116°
5. a 90°   b 90°
   c 45°   d 63.4°
   e 18.4°
6. a 10 cm
   b 19.5°
   c 35.3°
   d 15.8°
7. a 8 cm, 4 cm
   b 63.4°
8. a 35.0°
   b 54.5°
   c 19.5°
9. a 51.3°
   b 5 cm
   c 45°
10. a 3 cm, 4.24 cm
    b 59°
    c 49.7°
11. a 22.6°
    b 13 cm
    c 130 cm^2
12. a 65.4°
    b 24.6°
    c 49.2°
13. a 5 cm
    b 13 cm
    c 36.9°
    d 13.3°
14. a 10 cm
    b 14.1 cm
    c 25.2°
    d 11.2 cm
    e 32.4°
15. a 5.29 cm
    b 31.7 cm^2, 95.2 cm^3
    c 41.4°
    d 48.6°
    e 97.2°
16. a 90°
    b 36.9°
    c 73.8°
    d 8 cm
    e 41.2°
17. a 45°
    b 7.07 cm, 3.54 cm
    c 54.7°
18. a 66.8°
    b 5 cm
    c 54.5°
19. a 58°
    b 7 cm
    c 48.8°
20. a 8 cm
    b 4 cm
    c 60.9°
    d 29.1°
    e 58.2°
21. a 9.9 cm, 4.95 cm
    b 39.5°
    c 79.0°
22. a 68.2°
    b 21.8°
    c 43.6°
23. a 8 cm
    b 41.4°
    c 48.6°
    d 97.2°

Part 2 Applied problems

1. a 5 m
   b 5.39 m
   c 21.8°
2. a 10 cm
   b 120 cm^2
   c 36.9°
3. a 21.1°
   b 17.5°
4. a 9.22 m
   b 10 m
   c 12.2 m
   d 49.4°
   e 35°
5. a 9 m
   b 42°
   c 31°
6. a 2.5 m
   b 3.91 m
   c 50.2°

FURTHER TOPICS – Answers

Cuboids, wedges and pyramids

7 a 10 m
   b 5 m
   c 7.81 m
   d 50.2°
   e 39.8°
   f 79.6°

8 a 12.8 m
   b 58°
   c 12.8 m
   d 039°

9 a 2 m
   b 2.33 m
   c 31°

10 a 5.4 m
    b 9.65 m
    c 4.5 m

11 a (i) 600 m   (ii) 0.6 km
    b 8.53°
    c 6.84°
    d 6.4 km
    e 051°

12 a 1.94 m
    b 5 m
    c 22.8°

13 a 90°
    b 14 cm, 7 cm
    c 9.9 cm
    d 11 cm

14 a (i) 1.68 m
      (ii) 1.09 m
    b 3.19 m
    c 3.44 m
    d 29.2°

15 a 3.75 km
    b 10.4 km
    c 624 km/h
    d 12 km
    e 17.4°

Surveying

These class-room exercises on the different types of survey are best used in conjunction with practical work outside the class-room. The equipment necessary need only include a tape measure, a ruler, a pencil and a large sheet of paper secured to a flat surface.

Part 1 Building surveys

6 1 75.75 m²
   2 15.25 m²
   3 78 m²
   4 4700 m²
   5 5125 m²

Part 2 Radial surveys

The program given on page 14 can be used with radial surveys.

1 370 m
2 370 m
3 350 m
4 7000 m²
5 173 m

Part 3 Triangulation

1 57 m
2 71 m
3 6.2 km
4 11.9 km
5 a 60 m
   b 150 m

6 a 53 m
   b 38 m
   c 107 m

7 a 9.5 km
   b 9.7 km
   c 4 km

8 46.5 m²

9 a 73 m, 4380 m²
   b 57 m, 2850 m²
   c 58 m, 3422 m²
   d 55 m, 3080 m²

10 a 93 m, 5300 m²
    b 41 m, 2010 m²
    c 1420 m²

FURTHER TOPICS – Answers

Surveying

Part 4 More triangulation

1. a 41 m
   b 59 m
   c 62 m
2. a 37 m   b 34 m
   c 41 m   d 26 m
3. a 38 m   b 80 m
   c 42 m
4. a 163 m b 89 m
   c 184 m
5. a 79 m   b 50 m
   c 3950 m^2

6. $19 + 21 + 28 = 68$ m
7. $18 + 19 + 21 + 22 = 80$ m
8. giving lengths to the nearest metre and areas to two significant figures
   a 98 m, 4700 m^2
   b 103 m, 167 m, 8600 m^2
   c 7400 m^2
9. 38.2 km^2
10. 290 000 m^2 to two significant figures

Part 5 Offset surveys

This program, written for the RM380Z, will draw the plan of an offset survey and calculate the area and perimeter of the shape.

```
10 REM DRAWS OFFSET SURVEY & FINDS AREA AND PERIMETER
20 CLEAR 200
30 PRINT:PRINT"What is the length of the"
40 INPUT"survey line ";Z
50 PRINT:PRINT"What is the length of the"
60 INPUT"largest offset to the left ";L
70 PRINT:PRINT"What is the length of the"
80 INPUT"largest offset to the right ";R
90 IF Z/190>(R+L)/300 THEN S=Z/190 ELSE S=(R+L)/300
100 PRINT:PRINT"How many corners has the shape";N
110 DIM X(N+1),Y(N+1)
120 PRINT CHR$(12):REM CLEARS SCREEN
130 PRINT"Start at the bottom end,A of the"
140 PRINT"survey line, and go clockwise round"
150 PRINT"the shape, corner by corner."
160 PRINT:PRINT"Each corner, except for A, needs"
170 PRINT"two measurements. "
180 X(1)=0
190 Y(1)=0
200 PRINT:PRINT"A is the first corner."
210 FOR K=2 TO N
220 PRINT:PRINT"How far is the offset for corner";K
230 INPUT"up the survey line ";Y(K)
240 PRINT:INPUT"How long is this offset ";X(K)
250 IF X(K)<>0 THEN PRINT
260 IF X(K)<>0 THEN PRINT"Is this corner to LEFT or RIGHT of"
270 IF X(K)<>0 THEN INPUT"the survey line (L/R) ";A$
280 IF LEFT$(A$,1)="L" THEN X(K)=-X(K)
290 PRINT:PRINT
300 NEXT K
310 X(N+1)=0
320 Y(N+1)=0
330 FOR K=2 TO N+1
340 A=A+ABS(0.5*(X(K)+X(K-1))*(Y(K)-Y(K-1)))
350 P=P+SQR((X(K)-X(K-1))^2+(Y(K)-Y(K-1))^2)
360 NEXT K
370 A=INT((A+0.05)*10)/10
380 P=INT((P+0.05)*10)/10
390 GRAPH1
400 CALL"RESOLUTION",0,2
410 CALL"OFFSET",-L/S,0
420 CALL"PLOT",0,0,2
430 CALL"LINE",0,Z/S,2
440 CALL"PLOT",0,0,2
450 FOR K=2 TO N+1
460 CALL"LINE",X(K)/S,Y(K)/S,2
470 PRINT"Press 'return' to continue."
480 PRINT:PRINT
490 INPUT A$
500 NEXT K
510 PRINT
520 PRINT"Area of shape is ";A;"square units"
530 PRINT"Perimeter of shape is ";P;"units"
540 GRAPH0
550 PRINT"Press 'return' to end."
560 INPUT A$
570 CALL"RESOLUTION",0,2
580 PRINT CHR$(12)
590 END
```

FURTHER TOPICS – Answers

Surveying

1. **c** $64 + 60 + 74 + 105 + 83 = 386$ m
2. **c** $34 + 35 + 40 + 42 + 50 = 201$ m
3. **a** $71 + 78 + 47 + 74 + 99 = 369$ m
   b $32 + 51 + 47 + 36 + 68 + 55 + 53 = 342$ m
   c $58 + 36 + 31 + 28 + 59 + 69 = 281$ m
   d $92 + 25 + 30 + 24 + 33 + 41 + 42 = 287$ m
4. **a** $15 + 6 + 18 + 30 + 9 = 78$ m^2
   b $6 + 30 + 3 + 16 + 16 = 71$ m^2
   c $14 + 30 + 5 + 15 + 54 + 9 = 127$ m^2
   d $1530 + 340 + 400 + 640 = 2910$ m^2
   e $525 + 840 + 625 + 1200 + 150 = 3340$ m^2
   f $765 + 935 + 200 + 1000 + 250 + 300 = 3450$ m^2
5. **b** $25 + 25 + 16 + 112 + 8 = 186$ m^2
   c $11.2 + 11.2 + 9 + 14 + 8.2 = 53.6$ m
   d £83·70
6. **a** 520 000 m^2
   b 52 hectares
   c 7.8 hectares
   d 2210
   e £386 750
7. **a** 4250 m^2
   b $40 + 30 + 58 + 10 + 36 + 40 + 36 = 250$ m
   c $12\frac{1}{2}$ hours
   d £132·50
8. **c** 110 m, 1100 m^2, £1800
   d 2550 m^2, 510 m^2
   e 6100 m^2, 30 houses
9. **b** $18 + 35 + 6 + 7.5 + 66 + 7 = 139.5$ m^2
   c 1674 m^3
   d $8.5 + 7.3 + 5 + 5.8 + 11.2 + 7.3 = 45.1$ m
   e 90.2 m^2
   f 33 days (33.48)
10. **b** $70 + 140 + 75 + 120 + 320 + 160 + 280 + 110 = 1275$ m^2
    c 5100 plants and 318 shrubs
    d £612 + £365·70 = £977·70 = £978 to nearest £
    e £626

Part 6 Contours

1. **a** B 130 m
   b E 154 m
   c A 70 m
   d G 8 m
   e C 315 m
   f D 200 m
   g H 295 m
   h J −30 m
   i F 248 m
   j I 0 m

2. **a** C 110 m
   b F 230 m
   c B 180 m
   d H 100 m
   e D 160 m
   f A 150 m
   g I 96 m
   h G 205 m
   i J 137 m
   j E 175 m

3. A 110 m
   B 130 m
   C 100 m
   D 85 m
   E 70 m
   F 170 m
   G 135 m
   H 158 m
   I 145 m
   J 78 m

   } Some of these answers are only estimates.

FURTHER TOPICS – Answers

Surveying

4

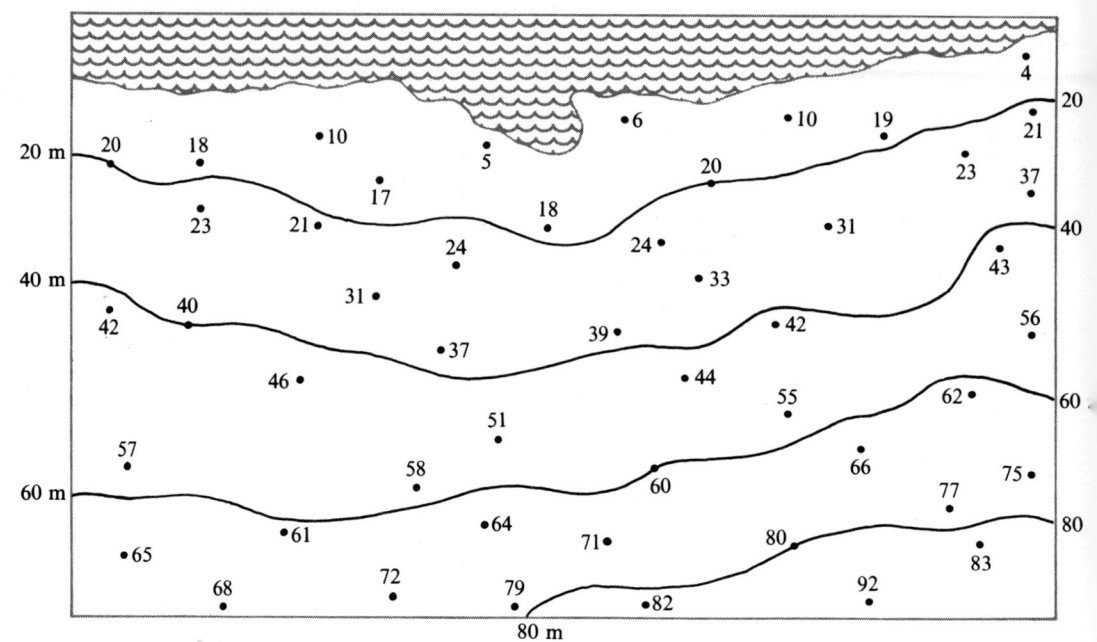

5

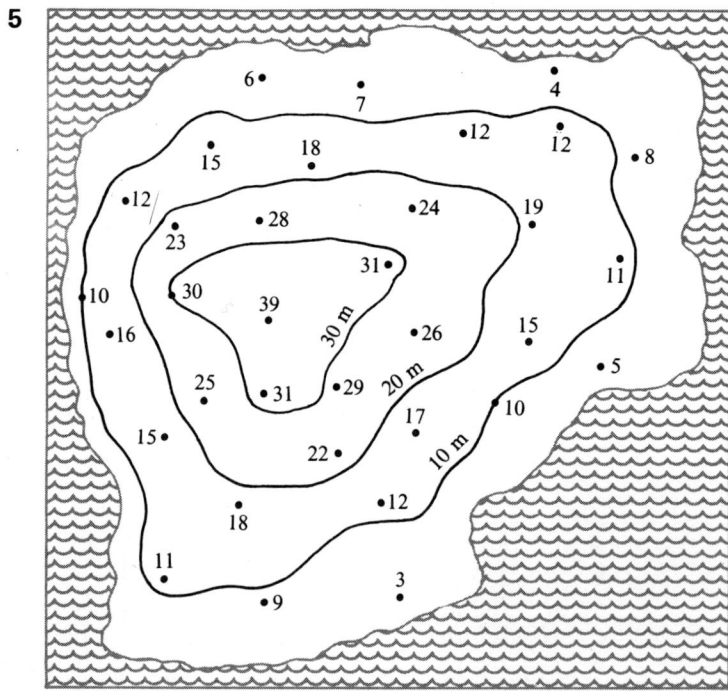

6 a Y **b** Z **c** X

7 a X **b** Y **c** Z

FURTHER TOPICS – Answers

Surveying

This program will draw a section from a map. Place a ruler along the section and read off distances for the contour lines crossed. To avoid hill-tops and valley bottoms being flattened, an intermediate point could be taken.

```
10 REM CROSS-SECTION FROM A MAP
20 CLEAR 200
30 PRINT:PRINT"How many points are there on your"
40 INPUT"cross-section ";P
50 DIM X(P),Y(P)
60 YM=0
70 X(1)=0
80 PRINT:PRINT"For the first point,"
90 INPUT"  what is its height ";Y(1)
100 FOR K=2 TO P
110 PRINT:PRINT"For point";K
120 INPUT"  how far it is along the section ";X(K)
130 INPUT"  and what is its height ";Y(K)
140 IF X(K)<X(K-1) THEN PRINT"IMPOSSIBLE VALUE. TRY AGAIN."
150 IF X(K)<X(K-1) THEN 110
160 IF Y(K)>YM THEN YM=Y(K)
170 NEXT K
180 XM=X(P)
190 FOR K=1 TO P
200 X(K)=X(K)*260/XM
210 Y(K)=Y(K)*150/YM
220 NEXT K
230 PRINT CHR$(12):REM CLEARS SCREEN
240 CALL"RESOLUTION",0,2
250 CALL"OFFSET",-20,-20
260 CALL"PLOT",0,150,2
270 CALL"LINE",0,0,2
280 CALL"LINE",260,0,2
290 CALL"LINE",260,150,2
300 CALL"PLOT",X(1),Y(1),2
310 FOR K=2 TO P
320 CALL"LINE",X(K),Y(K),2
330 NEXT K
340 GRAPH1
350 PLOT 0,54,STR$(YM)
360 PLOT 70,54,STR$(YM)
370 PLOT 4,10,"0"
380 PLOT 74,10,"0"
390 PLOT 6,4,"0"
400 PLOT 68,4,STR$(XM)
410 PRINT"Press 'return' to end"
420 INPUT A$
430 GRAPH0
440 PRINT CHR$(12):CLEARS SCREEN
450 CALL"RESOLUTION",0,2
460 END
```

8

FURTHER TOPICS – Answers

Surveying

9

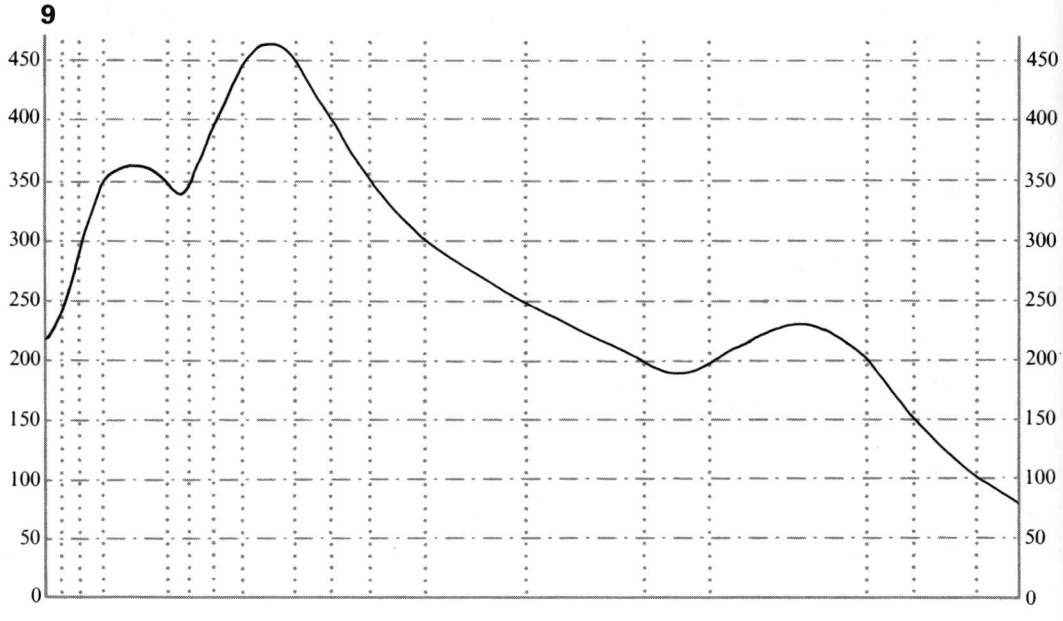

10

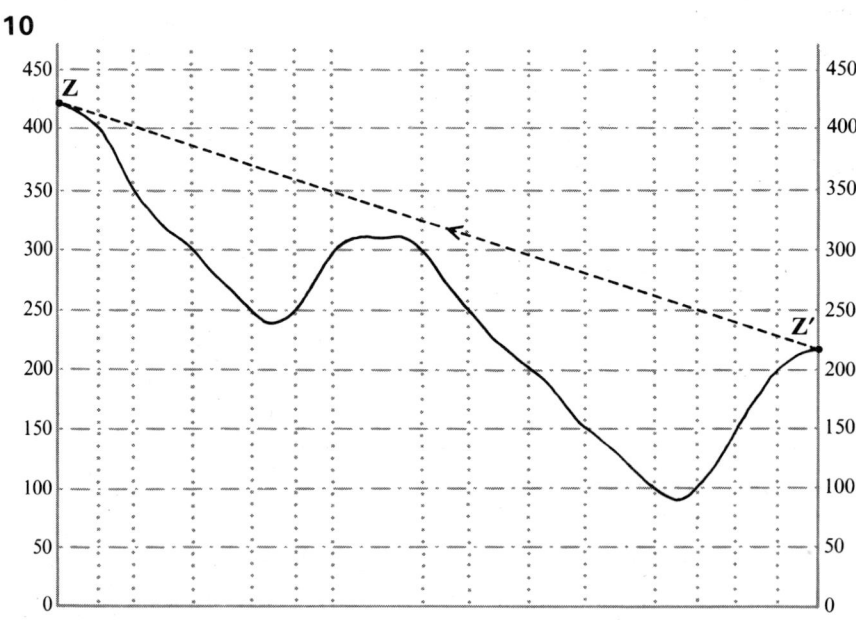

Yes, Z can be seen from Z'.

FURTHER TOPICS – Answers
Surveying

11

12
(i)

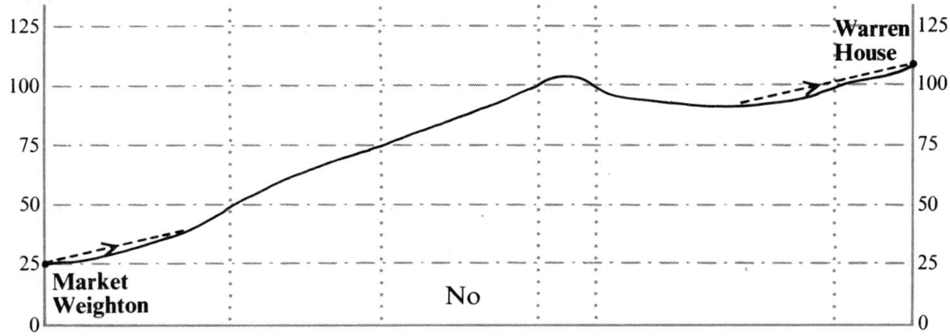

(ii)

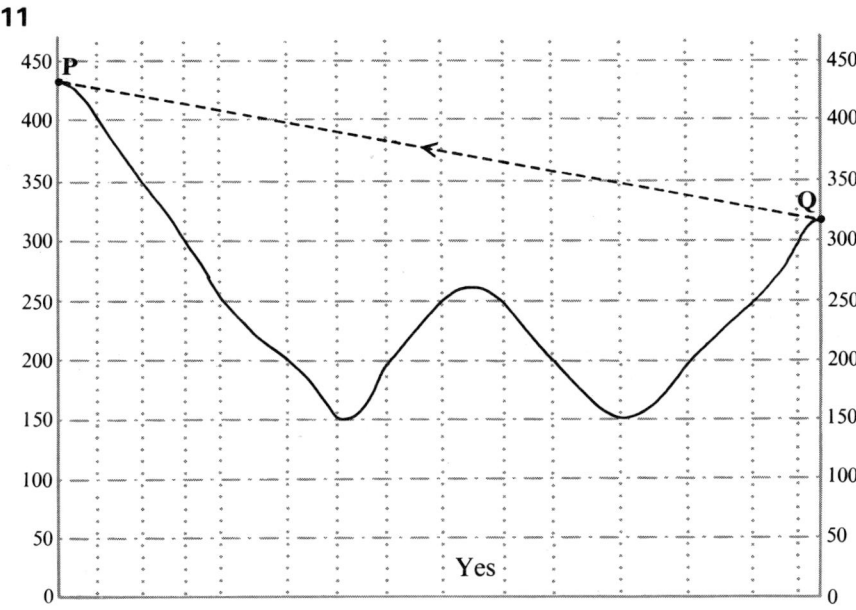

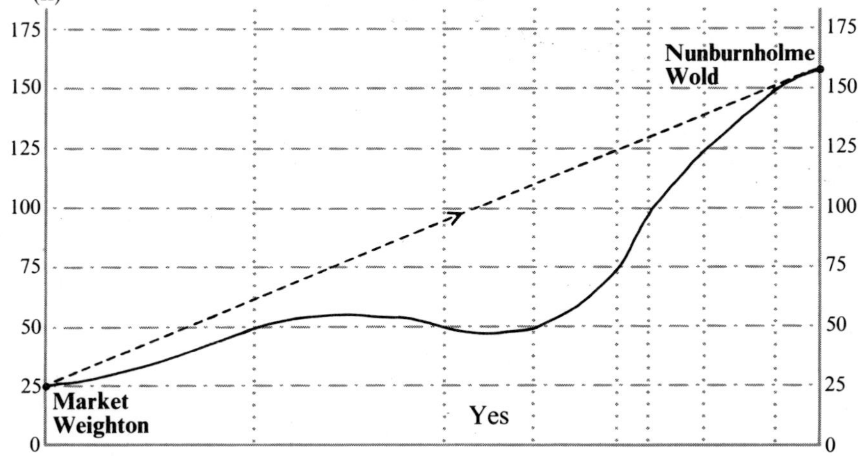

FURTHER TOPICS – Answers

Surveying

(iii)

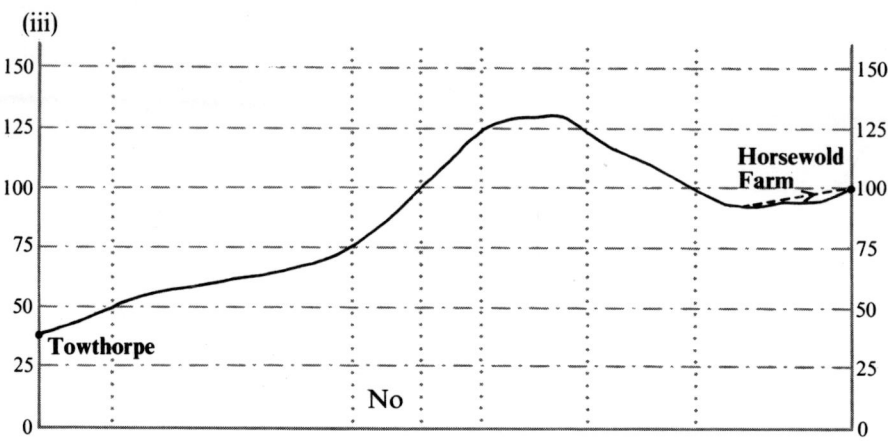

No

(iv)

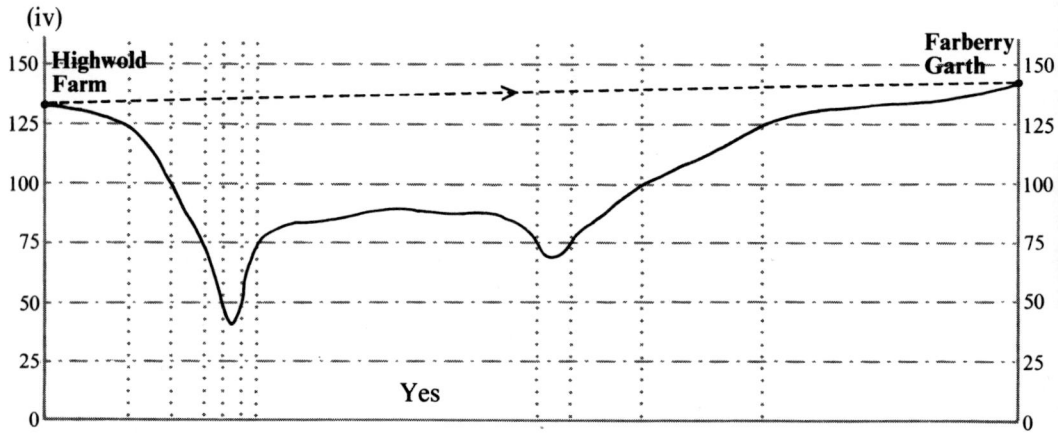

Yes

(v)

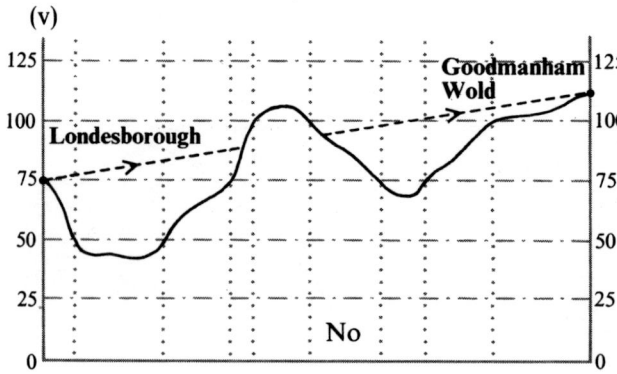

No

68